Christian Möller
Hans-Georg Ulrichs (Hg.)

Fußball
UND Kirche

WUNDERLICHE
WECHSELWIRKUNGEN

W0180039

Vandenhoeck & Ruprecht
Göttingen · Zürich

Die Deutsche Bibliothek – CIP-Einheitsaufnahme

Fußball und Kirche:
wunderliche Wechselwirkungen /
Christian Möller ; Hans Georg Ulrichs (Hg.). –
Göttingen ; Zürich : Vandenhoeck und Ruprecht, 1997
(Transparent ; Bd. 45)
ISBN 3-525-01819-3

Umschlaggestaltung: Rudolf Stöbener

Umschlagabbildung:
Hans Gottfried von Stockhausen,
Votiv. Glasbild. 1980.

© 1997 Vandenhoeck & Ruprecht, Göttingen
Printed in Germany
Schrift: Palatino
Gesamtherstellung: Hubert & Co., Göttingen

Gedruckt auf chlor- und säurefreiem Papier

Inhalt

C. Akteure

D. Der Fußball in Aktion

E. Der Fußball auf der Kanzel

F. Der Fußball in der Reportage

G. Kleine Nachlese

SEPP HERBERGER

zum 100. Geburtstag

Vorwort

Wie Fußball und Kirche zusammenhängen, läßt sich an den drei elementaren Fußballregeln von Sepp Herberger ablesen, dessen 100. Geburtstag wir in diesem Jahr gedenken. Erstens: der Ball ist rund; zweitens: das Spiel dauert 90 Minuten; drittens: das nächste Spiel ist immer das schwerste. Ist das nicht eine treffliche Übersetzung von Jesu Bergpredigt: »Sorget nicht für den morgigen Tag; es ist genug, daß jeder Tag seine eigene Plage habe«?

Die wunderlichen Wechselwirkungen zwischen Fußball und Kirche gehen freilich noch viel weiter. Das ging uns beiden Herausgebern – Hans-Georg Ulrichs, Pfarrmann und Mittelstürmer der badischen Pfarrermannschaft, und Christian Möller, Professor für Praktische Theologie an der Universität Heidelberg und Fußballnarr seit Kindertagen – auf, als wir gemeinsam auf dem Bökelberg ein Spiel von Borussia Mönchengladbach sahen. Es gibt nicht nur fußballspielende Pastoren, sondern auch predigende Fußballspieler wie z.B. Stefan Effenberg. Es gibt einen pfälzischen Kirchenrat, der schon einmal Präsident beim 1. FC Kaiserslautern war. Es gibt eine Dortmunder Pastorin, die in ihrer Freizeit Schiedsrichterin ist. Es gibt ein Göttinger Kabarett, das eine Gottesdienstkonferenzschaltung nach Fußballmanier kabelte. Es gab einen Erlanger Kirchengeschichtler, der eine kleine Theologiegeschichte nach Art einer Fußballreportage schrieb. Diese und ähnliche Beiträge sammelten oder erbaten wir, um die wunderlichen Wechselwirkungen zwischen Fußball und Kirche noch wunderlicher zu machen.

Was wir uns von diesem Büchlein erhoffen? Martin Luther regte dazu an, »dem Volk aufs Maul zu schauen«, um Sprache dort zu vernehmen, wo sie lebendig ist. Vielleicht kann dieses Büchlein eine Hilfe werden, die Sprache des Lebens auch dort zu vernehmen, wo der Ball rund ist, das Spiel 90 Minuten dauert und das nächste Spiel immer das schwerste ist.

Christian Möller   *Hans-Georg Ulrichs*

A.

Unterwegs
zum
Stadion

THOMAS
SCHLEIFF

Sepp Herberger
zum 100. Geburtstag*

Der Sepp vom Deutschen Fußballbund
sprach leicht verschmitzt: »Der Ball ist rund.«
Die Vorsicht, rät er, sei das Erste:
»Der nächste Gegner ist der schwerste.«

Auch kann man niemals sicher sein –
es geht noch mancher Treffer rein,
selbst wenn wir es nicht mehr vermuten:
»Ein Spiel dauert neunzig Minuten!«

Der Sepp, der war ein Pfiffikus,
ein Fachmann für den Fußballschuß,
rein äußerlich von kleinem Wuchs,
doch innerlich ein großer Fuchs.

Von seinen taktischen Finessen,
blieb eine bis jetzt unvergessen:
Als in der Schweiz einst die Magyaren
gleich zweimal Deutschlands Gegner waren,

---

* Bei den drei durch Anführungszeichen hervorgehobenen Zitaten
  handelt es sich um die drei »klassischen« Herberger-Aussprüche.

hat Sepp beim ersten Spiel aufs Feld
nur die Ersatzmannschaft gestellt.
Das Spiel verlor man drei zu acht –
der Sepp, der wurde ausgelacht.

Danach erst schickte er, der Kenner,
ins zweite Spiel die besten Männer.
Die haben, Sepp hat es ersonnen,
das *Endspiel* drei zu zwei gewonnen.

Das war (nach dem verlornen Krieg)
für Deutschland ein ersehnter Sieg.
Auch heute denken wir noch gern
ans Wankdorf-Stadion in Bern,

an Herberger und seine Mannen,
die Ruhm, doch (fast) kein Geld gewannen:
Zweitausend Mark an Prämien –
die heute soll'n sich schämien.

HANS-GEORG
ULRICHS

Wie der Fußball zur Kirche
und die Kirche
zum Fußball kam

Defensiv fing es mit dem Verhältnis von Kirche und Fußball an, als die Kirche von den Fußballvereinen verlangte, das Gesetz von Sonn- und Feiertagen zu achten und keine Spiele am Sonntagvormittag durchzuführen. Diese leidige Konkurrenz am Sonntagvormittag ließ Fußball und Kirche in ein Konkurrenzverhältnis treten und baute Vorurteile auf wie etwa: Fußball sei eine »ungehobelte Entartung«, Kirche sei eine »weltfremde Institution«. Aber das änderte sich auf manche Weise, als etwa ein Oldenburger Kirchenkreis einen Fair-play-Pokal stiftete oder die Bischöfe Erdmann und Lilje den niedersächsischen Fußballverband besuchten und die Ernennung des Pastors Hermann Schick zum Fußballtrainer des niedersächsischen Fußballverbandes unterstützten. Schick wurde sowohl »als ausgezeichneter Prediger geschätzt« als auch »als einer der besten Trainer Norddeutschlands«.

I

Beim Kirchentag 1963 in Dortmund hielt der evangelische Beauftragte für Sport, Pfarrer Karl Zeiß, in der Halbzeitpause des Pokalspiels Dortmund-Saarbrücken im Stadion »Rote Erde« eine Kurzansprache. Im Ruhrgebiet ist eben nicht am Fußball vorbeizukommen. Das bekamen auch die Veranstalter einer Evangelisation in Gelsenkirchen zu spüren, als sie mit der Parole warben: »An Jesus kommt keiner vorbei«. »Nur Libuda«, schrieben Schalke-Fans daneben. Und so sprach es sich allmählich bis in die höchsten Ränge der Kirchenleitung durch: »Vom Zuspiel einer guten Fußballmannschaft könnten auch Kirchenleitungen einiges lernen« (so in den »MITTEILUNGEN« der Badischen Landeskirche). Der Praktische Theologe Manfred Josuttis schrieb es noch deutlicher: »Auf dem Sportplatz kann man seine Begeisterung und seine Wut heraustreten lassen, ohne dafür sozial geächtet zu werden, wie am Arbeitsplatz, in der Familie oder auch in der Kirche.« Doch als es nach 1968 dem Fußball wegen seiner vorgeblich apolitischen Stellung an den Kragen ging, tönte auch die EKD in dieses Horn und erklärte noch 1978 anläßlich der WM in Argentinien: »Es ist unangemessen, den Alltag in Argentinien hinter der schönen Fassade der Weltmeisterschaft zu vergessen oder bei ›eingeengter Blickführung‹ zu meinen, es ginge bei allem nur um Fußball«. Nun bat sogar der DFB die Kirche, sich nicht, wie linke politische Gruppen, einem Boykott des Fußballs anzuschließen. Damals wurden alle kulturellen Phänomene – auch der Fußball – vom »aufgeklärten« Mittelstand mit gesellschaftskritischer Brille gesehen.

II

Seit Mitte der 80er Jahre boomt der alternative Fußball-Buchmarkt. Fan-Kultur wird bewußt gestaltet. Hier versteht man Fan-Kultur auch als eine Art von »außerparlamentarischer Opposition«. Und diese Arbeit kann Erfolge vorweisen, z.B. die Anti-Neonazi-Kampagnen der Fans. Dabei werden zugleich die wirtschaftlichen Probleme und Ungereimtheiten der Vereine genau wahrgenommen. Die Fans wollen sich das Spiel von den Vereinsoberen und von den Medien nicht zerstören lassen. Sie holen es sich zurück. Nun treten auch bürgerliche Intellektuelle aus der verschämten Verschwiegenheit heraus. Der Fußball findet in Deutschland und anderswo steigendes Interesse. Natürlich bleiben diese Entwicklungen nicht ohne Einfluß auf die kirchliche Öffentlichkeit. Jetzt wurden sogar in den »EVANGELISCHEN KOMMENTAREN« die Leistungen der deutschen Fußballmannschaft bei der WM 1982 in Spanien sarkastisch vermerkt: Breitner, Rummenigge und Co. hätten »bravourös gekämpft« und durch »glänzende Paraden Aufsehen erregt«. Evangelische und katholische Kirche gaben sich anläßlich dieser WM 1982 alle Mühe: Zum ersten Mal erarbeiten sie eine Handreichung für Gottesdienste und Gespräche in Gemeinden: »Fußball ist unser Leben«. Bei der WM 1986 in Mexico steigert sich die allgemeine Begeisterung für den Fußball noch. Udo Sopp schrieb 1986: »Das Spiel mit dem Ball transzendiert den Alltag, eröffnet Möglichkeiten zum Anderssein, führt auf die Spuren des Glücks«. Er rückt Fußball in die Nähe von Religion: Schon die Uitoto-Indianer hätten im Kautschuk-Ball eine Gabe des »Urvaters« gesehen, und natürlich wird auf Diego Maradonas »Hand Gottes« verwiesen. Sopp selbst, Pfarrer und Landeskirchenrat der Pfälzischen Landeskirche, wird zum Präsidenten des 1. FC Kaiserslautern gekürt, nachdem er lange Zeit Vorsitzender des Bezirks-Klasse-Vereins VfL Einsiedlerhof war. Welche Querelen dazu führten, daß Udo Sopp nach vier Jahren Präsidentenzeit aufgab, wird für Außenseiter wohl nur schwer zu klären sein.

III

In den 80er Jahren entdeckten auch Evangelikale den Fußball. Fromme Fußballer bringen das Evangelium ins

Gespräch. Jorginhos Buch »Steilpaß. Ehrliche Bekenntnisse« wird ein erfolgreicher missionarischer Bestseller. Andere Sympathieträger des Christentums wurden auf dem Fußballfeld Rune Bratseth und Wynton Rufer. Nun wollte auch der »Kicker« nicht mehr schweigen und brachte am 5. Dezember 1988 einen längeren Bericht über den predigenden Fußballer Bum Kun Cha. Fußball fasziniert die Massen, und deshalb ist es auch ein interessantes Feld für Evangelisation. »Leider treten Christen hier oft den Rückzug an und stimmen bloß ein in die Klage über die problematischen Randerscheinungen des Spitzensports. Aber wer nicht dabei ist, dessen Urteil hat kein Gewicht, auch nicht im Blick auf die WM in Italien.« Bei dieser WM löste das berühmt gewordene Plakat »John 3:16« Jubel im evangelikalen Lager aus. Das alternative Transparent »Ilse 4:17« konnte es nicht zu ähnlicher Berühmtheit bringen.

IV

Zur WM 1990 in Italien gab es von dem Theologen und Fußballkenner Karl-Fritz Daiber »Nachgedanken zu einer dionysischen Weltmeisterschaft«. Daiber empfindet es als außerordentlich entlastend, daß Nationalismus sich beim Fußball mit Sportbegeisterung verknüpft. Die Menschen in beiden deutschen Staaten konnten sich 1990 mit ihrem Team in Italien identifizieren. Weder das Fahnenmeer der deutschen Fans in Italien noch die Autocorsi in der Heimat hätten etwas Bedrohliches gehabt. Daiber analysiert religiöse Erfahrung im Zusammenhang mit Fußball. Nicht nur das Sich-Bekreuzigen der Spieler und das Verhalten der Fans, sondern Fußball selbst gehöre »in den Bereich des symbolisch darstellenden Handelns«. Fußball biete keine »rationale Problemlösung«, sondern »Hoffnung ausgleichender Gerechtigkeit« und »Momente der Überschreitung in unserer entzauberten Welt«. In diesem Akt des Überschreitens, des Transzendierens werde Fußball zum »Abenteuer und zur Glückserfahrung«. Gelinge dem Fußball gesellschaftlich notwendige Symbolisierung von Gemeinschaft, dann schaffe er sogar neue Freiheits-Spielräume für die christlichen Kirchen. Und so schließt Daiber mit der Devise: »Gebt dem Fußball, was des Fußballs ist«.

Und was lernen wir aus dieser langsamen Annäherung von Kirche und Fußball? So wie sich der Fußball ständig veränderte, die Gesellschaft seit 1950 mehrere Reformschübe erlebte, so veränderte sich auch die Kirche in ihrem Selbstverständnis und ihrer Rolle in der Gesellschaft. Sie lernte zu akzeptieren, daß sie als gelebte Religion nicht in Konkurrenz- oder Führungskämpfen mit anderen Kulturphänomenen steht, sondern daß sie gerade im Dialog mit solchen Kulturphänomenen wie Fußball an gleichnishafter Sprache gewinnen kann.

UDO SOPP

Pfarrer,
Profis
und Profite

Für knapp fünfzig Millionen Bundesbürger stellt sich an jedem Morgen der Arbeitswoche nach dem Schrillen des Weckers das gleiche Problem: Wie wird der harte Alltag in der Leistungsgesellschaft bestanden? Bei der Einstimmung in den Alltag helfen die Medien. Der Rundfunk schon im Badezimmer: flotte, gelockerte Sendungen, eine bunte Mischung aus Unterhaltung, Information und Musik. Dazwischen das kirchliche »Wort in den Tag«. Am Kaffeetisch der Blick in die Tageszeitung oder die Boulevardpresse mit ihren sensationellen Schlagzeilen, die den Eindruck vermitteln, die Welt sei trotz vieler Katastrophenmeldungen noch in Ordnung. Letzte Etappe: der Weg zum Arbeitsplatz über verstopfte Straßen und in überfüllten Bussen und Vorortzügen. Dann hat sie der Arbeitsplatz wieder. Das ist ein Ritual, eine Handlung, die sich Tag für Tag wiederholt. Ritual in neuer Form. Ritual ohne sichtbaren Religionsbezug. Ritual der Industrie- und Leistungsgesellschaft.

Ritual am Samstag

Ein ähnliches Ritual wiederholt sich Samstag für Samstag, allerdings unter anderen Vorzeichen. Die Einstimmung in den Alltag ist anders. Für Millionen wird dieser

19

Werktag zum Feiertag, auf den man sich die ganze Woche über freute: Fußball-Bundesliga, Sport und Spektakel, Unterhaltung und Vergnügen, Nervenkitzel und Erlösung, Hoffnung und Enttäuschung.

Übrigens: Auch hier verstopfte Straßen, überfüllte Busse und Züge. Durchschnittlich zweihundertfünfzigtausend nehmen dies in Kauf. Millionen marschieren im Geiste mit – am Radio, am Fernsehen, als Tipper. Die Bundesliga hat ihr eigenes Ritual entwickelt. Ein Ritual fürs Abschalten, für die Flucht aus der Leistungsgesellschaft, für die Gestaltung einer bestimmten Form der Freizeitwelt, Millionen unterwerfen sich diesem Ritual, freiwillig und gerne.

Umstrittenes Engagement

Jene Fragen sind durchaus verständlich, denen ich mich als Pfarrer ausgesetzt sah, da ich von 1973 zunächst als Vizepräsident und von 1981 bis 1985 als Präsident beim 1. FC Kaiserslautern im ehrenamtlichen Management mitmachte: Wie können Sie diese Funktion in einem Profiverein mit Ihrem kirchlichen Amt und christlichen Ethos vereinbaren? Wie konnten Sie dieses Engagement eingehen, wo man sich so leicht die Hände schmutzig machen kann? Versäumen Sie nicht Ihre dienstlichen Pflichten als Pfarrer aufgrund der offenbar doch starken zeitlichen Inanspruchnahme im Verein?

Umstrittenes Engagement. Nicht nur in bestimmten kirchlichen Kreisen, sondern auch im Verein und bei bestimmten Vereinsmeiern und Stammtischgruppen, bei bestimmten Cliquen, Klüngeln und Kamarillen. Unter Beschuß stand weniger die Person, vielmehr der Beruf. Wenn's schiefgeht mit der Personalpolitik und mit den Spielerkäufen, wenn sportliche Erwartungen sich nicht erfüllen, dann ist der Trainer der erste Sündenbock, der Pfarrer als Präsident jedoch schon der zweite. Merkwürdig – oder auch nicht?!

Auf der anderen Seite ist Vertrauen da, bei vielen, vielleicht sogar bei den meisten. Vertrauen in den Beruf des Pfarrers, in das »Amt« sogar großer Vorschuß an Vertrauen. Bei Konflikten traut man dem Pfarrer etwas zu. Für Versöhnung, Vermittlung und Frieden ist er zuständig, ja sogar Fachmann. Auch bei Vertragsverhandlungen, wenn gefeilscht, gepokert und gereizt wird, spielt dies eine Rolle.

Profis und Profite

»Sport ist kein Spaß, sondern im Gegenteil Anstrengung. Deswegen ist er der Bruder der Arbeit.« So formulierte der spanische Philosoph Ortega Y Gasset. Dies ist im Blick auf Profis nur zum Teil richtig. Daß der Hochleistungssport eine harte körperliche Arbeit ist, wird niemand ernstlich bestreiten wollen. Es geht im wahrsten Sinne des Wortes hart her, sowohl bei der intensiven wöchentlichen Vorbereitung (Training) als auch ganz besonders im Spiel am Samstag. Aber: Ich kenne keinen Profi, der keinen Spaß hätte bei seinem Geschäft und der nicht leidenschaftlicher Fußballer wäre. Und deswegen haben sie gar keinen Spaß, wenn sie auf der nicht minder gut bezahlten Auswechselbank sitzen müssen. Beim Profi treffen Pflicht und Neigung, Beruf und Hobby in fast idealer Weise zusammen.

Bezahlung: Fußballprofis verdienen nicht schlecht. Jedenfalls weit mehr, als im Durchschnitt in unserer Gesellschaft verdient wird. Allerdings verdient der Durchschnittsprofi auch keine Phantasiesummen. Diese kommen allenfalls den Stars zu. Man muß jedoch berücksichtigen, daß Profis nur für etwa zehn Jahre ihren Beruf ausüben können. In dieser Zeit bestimmt ihr Beruf die gesamte Lebensplanung und Lebensgestaltung. Die Erfüllung mancher Bedürfnisse, die sich ein Gleichaltriger selbstverständlich leisten kann, muß bei ihm zurücktreten. Der Beruf erfordert den ganzen Mann. Berufliche Fortbildung oder gar Studium sind kaum möglich. Außerdem kann nicht jeder am Ende seiner Karriere Trainer werden.

Heimliche Angst geht um ...

Ein Profi weiß, daß seine Karriere schnell beendet sein kann. Verschleißerscheinungen, schlimme Verletzungen oder ganz einfach die Tatsache, daß man auf die Dauer leistungsmäßig nicht mehr mitkommt, können jäh den Schlußpunkt setzen. Bei Verletzungen ist er zwar durch Versicherungen finanziell geschützt, aber sonst droht der Sturz in die Namenlosigkeit: »Namen, die keiner mehr kennt!« Darum geht unter Profis, stärker als in anderen »ungesicherten Berufen«, die Angst um, selten ausgesprochen, aber dennoch da, die Angst vor der Zukunft, die Angst vor dem jähen Ende, die Angst vor der Namenlosigkeit, die Angst um die Existenzsicherung nach dem Tage X. Dies ist eine wesentliche Erkenntnis für den Vereinsfunktionär, der den Spieler nicht nur als Material sieht – »Spieler-material«, ein fest etablierter Begriff in der Umgangssprache vieler Vereinsfunktionäre und Trainer, dennoch aus dem »Wörterbuch des Unmenschen«! –, sondern als Menschen, der auch ohne fußballprofessionellen Funktionswert seinen Eigenwert besitzt.

Plädoyer für Gegenwartsbewältigung

Hier zeigt sich eine der vielen Strukturschwächen, nicht nur der Fußball-Bundesliga, sondern des gesamten

Hochleistungssports. Gerade deswegen bedarf es hier um so mehr der menschlichen Begleitung, in persönlichem Einsatz mit »Sachlichkeit und Phantasie«, im solidarischen Dabeisein. Wo die Fußball»macher« versagen, haben die Anwälte des Menschen ihre Chance der Bewährung. Mir scheint, hier sei auch die Kirche gefordert. Sie würde ihre Chance jedoch verspielen, wenn sie die Institution Profi-Fußball und Hochleistungssport nur negativ-kritisch begleitete – im Sinn des oft zitierten Wächteramtes der Kirche! – und nicht konstruktiv-kritisch mitarbeitete.

Mir scheint, viele sogenannte kirchliche Kreise und ein wohl breites Feld kirchlicher Öffentlichkeit verhielten sich heute ähnlich. Die Verhaltensskala reicht von Ironie bis Ablehnung. Täglich werden wir versorgt mit Berichten über Formen des Vandalismus bei sportlichen Großveranstaltungen, wo kriegsähnliches Gerät sichergestellt wird u. a. m. Ironie, Entrüstung und Anklage sind jedoch schlechte Ratgeber, schon gar keine Therapeuten.

Deshalb ein Hinweis: Der 1. FC Kaiserslautern hält seit langem ständigen und konstruktiven Kontakt zu seinen vielen Fan-Clubs. Er war Vorreiter in dieser Rolle. Bei regelmäßigen Zusammenkünften der Fan-Club-Vorstände gibt es Informationen aus dem Vereinsgeschehen, auch Schulungsangebote. Mein Eindruck: Diese Arbeit hat bereits Früchte getragen. Die Randalierer haben merklich abgenommen. Das Verhalten vor, während und nach den Bundesliga-Spielen ist wesentlich gesitteter geworden. Ich sehe auch hier vielfältige Möglichkeiten für die Kirche vor Ort. Aus eigener Erfahrung kann ich nur sagen: Die Mitarbeit des Pfarrers ist durchaus erwünscht, auch die anderer kirchlicher Mandatsträger. Hier bieten sich Chancen. Warum erst auf Einladungen warten? Dasein und Dabeisein ist alles.

Vielleicht wäre dies auch ein bescheidener, aber sinnvoller Beitrag, auf protestantische Weise Position zu beziehen, nämlich das Evangelium einmal anders zu bezeugen als im engeren Raum der Kirche oder in den sogenannten klassischen gesellschaftlichen Bezugsfeldern der Kirche (Wirtschaft, Politik usw.), eben in diesem Ausschnitt der Welt, der Freizeit-Welt, der Sport-Welt. Ist es nur Allotria? Oder doch ein durchaus sinnvoller Beitrag zur Gegenwartsbewältigung? Es kommt darauf an, Rituale des Einmischens zu entwickeln, wo versteckt oder brutal – offen foul gespielt wird. Die Mehrzahl derer, die beim »Ritual am Samstag« dabei sind, sind getaufte Christinnen und Christen.

B.

Auf
der
Tribüne

CHRISTIAN
MÖLLER

Kleine
Fußball-Liturgie

Das waren noch Zeiten, als der Wuppertaler SV in der Bundesliga war! Mehr als drei Spielzeiten währte dieses Glück nicht. Aber in dieser Zeit war ein ganzes Tal, durch das die Bahn über die Wupper hinwegschwebt, im Fußballfieber. Meister Pröpper, Gustl Jung und die anderen Spieler des WSV waren ständig in den Schlagzeilen. Als dann gar Bayern München nach Wuppertal kam, hielt es auch mich nicht mehr zu Hause. Meine Frau wollte bei den Kindern bleiben. Vielleicht komme sie noch hinterher, rief sie mir nach.

Schon in der überfüllten Schwebebahn ging die Fußball-Liturgie los. Per Du wurde ich gleich eingemeindet. »Na, was meinste«, fragte mich irgendein Fan, »wie geht's heute aus?« Als ich mich diplomatisch auf ein Unentschieden verlegte, war ich schon out. Unentschieden sei öde. Einer müsse in die Pfanne gehauen werden, und das seien heute die Bayern. »Zieht den Bayern die Lederhosen aus!« So ging es grölend, über die Wupper schwebend, bis zum Stadion am Zoo. Vor dem Stadion war schon ein munteres Treiben der Würstchen-, Eis- und Cola-Verkäufer. Die Stadionzeitung wurde angeboten und natürlich jede Menge Vereinshemden, -mützen, -fahnen und Fanschals. Das Stadion war anderthalb Stunden vor Spielbeginn fast schon voll. In den Fankurven herrschte ein munteres Treiben. Die Stadionzeitung wurde studiert. Die Aufstellung der Mannschaften diskutiert. Die eintreffenden Bayern-Fans attackiert. Die Zeit bis zum Spielbeginn verging rasch. Eine Viertelstunde vor Spielbeginn stieg die Fieberkurve spürbar. Endlich wurde die Aufstellung der gegnerischen Mannschaft bekanntgegeben: »Im Tor: Maier!«, 25.000 konterten: »Na und!?«. »In der Verteidigung Schwarzenbeck!«, und wieder die 25.000: »Na und!?«. So ging das weiter über Breitner, Beckenbauer bis hin zum legendären Gerd Müller. Lauter große Namen, die ehrfurchtseinflößend klangen und deshalb wohl mit einem »Na und!?« beantwortet werden mußten. Wenn ich je verstanden habe, was ein liturgisches Responsorium eigentlich soll, hier ging es mir auf!

Zur Fußball-Liturgie gehörte weiter, daß nun drei schwarze Männer, der Schiedsrichter und seine beiden Linienrichter, am Spielfeldrand erschienen und hinter ihnen die beiden Mannschaften in wohlgeordneter Reihenfolge. Kurz blieben alle stehen. Dann ging es unter brausendem Jubel in die Mitte des Spielfeldes. Das war ein echter Introitus, wie ich ihn im protestantischen Gottesdienst schon lange nicht mehr gesehen hatte. Kurz wurde zwischen den beiden Mannschafts-Kapitänen und dem Schiedsrichter noch die Seitenwahl per Münzwurf geregelt und dann pfiff der Schiedsrichter das Spiel an. Die Liturgie ging ihrem Höhepunkt entgegen, als das Spiel hin und her wogte, begleitet vom begeisterten Mitgehen des Publikums, von den Fan-Chören, von den Regieanweisungen der Besserwisser, die links und rechts aus dem Zuschauerraum an mein Ohr drangen, vom Murren gegen den Schiedsrichter, dem verzückten Aufschrei, als ein Ball die Latte traf und dann doch nicht ins Tor ging; bis es schließlich so weit war: 1:0 für Wuppertal. War das ein Jubel! Unbekannte lagen sich links und rechts in den Armen. Irgend jemand haute mir begeistert auf den Rücken. Er hatte mich wohl verwechselt? Wir

27

waren ja alle eine große Gemeinde, die durch das 1 : 0 des WSV erst richtig zur Jubel-Gemeinde wurde.

Wie tief ich in diese Fußball-Liturgie versunken war, merkte ich erst, als etwa fünf Minuten vor Halbzeit der Stadionsprecher ausrief: »Herr Dr. Möller, bitte zum Stadionmikrophon an die Haupttribüne: Frau und Kinder sind gekommen!« Ich sah, wie über viele Gesichter ein Schmunzeln ging. Einige neben mir murmelten freilich auch: »Der Ärmste!« Was war geschehen? Meine Frau hatte ernst gemacht und war mit den beiden Kindern zum Stadion nachgefahren. Sie war der Meinung, kaum komme sie ins Stadion, da finde sie mich schon am Spielfeldrand. Und als sie dann die Massen sah, suchte sie Hilfe beim Stadionsprecher, der sich diesen Gag natürlich nicht entgehen ließ. Und so wurde ich mitten aus der Liturgie herausgeholt, in die ich so tief versunken war.

Doch schon zur zweiten Halbzeit wurde aus der Not eine Tugend. Nun wurden beide Söhne, der eine auf den Schultern, der andere auf dem Arm, in den Lauf der Fußball-Liturgie eingeführt. Sie ließen sich von dem Jubel der 25.000 mitreißen. Der WSV schoß noch ein zweites und drittes Tor und ließ sich von dem Gegentor der Bayern nicht verunsichern. Ein großer Tag für Wuppertal, an dem auch zwei kleine neue Fußballfans in die Gemeinde eingegliedert wurden.

Abends ging es weiter, mit dem aktuellen Sportstudio. Da wurden die Tore des WSV in Ruhe noch einmal angeschaut, jetzt in mehrfacher Wiederholung. Den Erfolg dieser uralten Fernsehsendung am Samstagabend führe ich auch auf die Faszination einer Liturgie zurück, die sich jeden Samstagabend wiederholt: zu einer Erkennungsmelodie zieht der Moderator ein, in seinem Gefolge mehrere Studiogäste. Beleuchter und Kameraleute im Hintergrund haben die Funktion eines Küsters. Nach einem einleitenden Votum, das in der Regel auf ein zurückliegendes sportliches Ereignis Bezug nimmt, folgt der liturgische Eingangsteil. Das Ordinarium wird von der Fußballbundesliga und dem Proprium des jeweiligen Spieltages bestimmt. Lob und Klage werden nun angestimmt, gemeinsam mit der Gemeinde, die im großen Rund des Studios plaziert ist und genau weiß, wann sie mit Beifall einzustimmen hat. Dann folgt der Nachrichtenblock zum Tagesgeschehen in der höchsten deutschen Spielklasse, vergleichbar einem Kollektengebet, in dem alles noch einmal zusammengefaßt wird. Die Predigt, genauer: das Predigtgespräch, findet in Gestalt eines Interviews mit ein oder zwei Teilnehmern statt. Es folgen nun die Abkündigungen, die auf die sonstigen Sportereignisse des Tages Bezug nehmen. Das Diakonieopfer wird in die Wege geleitet: Briefmarken zugunsten der Deutschen Sporthilfe oder anderes wird angepriesen. Nach einladenden Hinweisen auf die Sportsendung der kommenden Woche verläßt die Gemeinde die Kultstätte, indem sie auf einen anderen Kanal umschaltet oder einfach ins Bett geht.

Und wenn ich dann am Sonntag in der Kirche bin und einen Pfarrer eher verschüchtert von einer Seitentür aus zu seinem Platz in der ersten Reihe schleichen sehe, wandern meine Gedanken sehnsüchtig zum Samstagnachmittag auf den Fußballplatz zurück: Ach, so ein Introitus der drei schwarzen Männer mitsamt 22 Akteuren in ihrem Gefolge – das ist doch etwas Schönes! Überhaupt, von der Liturgie am Samstagnachmittag auf dem Platz und der Liturgie am Samstagabend im ZDF gäbe es doch für die Liturgie am Sonntagvormittag eine Menge zu lernen, auch wenn ich froh bin, daß es am Sonntag Orgelpfeifen und keine Schiedsrichterpfeife gibt! Und den Verlierern geht's am Sonntagvormittag besser, wenn sie etwas von der Gnade wiedererkennen, die sie nicht verdienen müssen.

RÜDIGER
GIESELMANN

Schöne Tore,
lösende Worte
und die Erfahrung
der Sünde

Der Stachel im Fleisch

»Lilien! »Lilien!« rufen wir, wenn Darmstadt 98 spielt.
Seine Fußballer tragen eine Lilie auf dem Trikot. »Lilien!
Lilien!« – schrie ich, als »wir« vor kurzem gegen die
Amateure von Bayern München spielten. Beim Schreien
war ich an den Rand jenes Gitters geraten, hinter dem Po-
lizei und Ordner die Fans der Bayern eingepfercht hatten. Da traf mich ein satter Strahl gelber Spucke ins Gesicht. Ich näherte mich dem Spucker: »Warum machst du
das? Ich habe dir doch gar nichts getan!« – »Du bist ein
Darmstädter«, sagte der Junge und rotzte wieder einen
Klumpen unter mein Auge. Ich drehte mich um. Ich
konnte es mir leisten, in Tränen auszubrechen, weil zwei
meiner Schüler herbeigeeilt waren, mich abtrockneten
und umarmten.

Nach dem Spiel wollte ich alleine sein.
Aus dem Spiegel sah mich ein fahles Gesicht an. Ich
fühlte mich gedemütigt und duschte lange. Dann, einge-
rieben mit allen Säften Arabiens, konnte ich mich anlä-
cheln und dachte: Wie oft habe ich mit Schülern die Prin-
zipien der alttestamentlichen Anthropologie diskutiert,
z.B. bei der Auslegung von 1. Mose 3–4 und 8, dabei be-
denkend den Satz von Adolf Muschg: »Die kritische Formel ‚homo homini lupus' stellt eine Kränkung für den

Wolf dar«, denn: der Wolf ist instinktiv gebunden. Daher ist sein Weg zuverlässig erkennbar. Kämpfen zwei Wölfe im harten Zweikampf darum, wer der neue Leitwolf sein soll, hält am Schluß der Unterlegene dem Gewinner die Kehle zum Todesbiß hin. Aber der Sieger beißt nicht zu. Er läßt den Verlierer laufen. Diese instinktive Zuverlässigkeit hat der Mensch »nach der Vertreibung aus dem Paradies« verloren. Es kann sein, daß der (vorläufige) Gewinner nachträglich dem Feind ein Messer in den Rücken rammt. Oder umgekehrt: der Verlierer sammelt neue Munition und wartet kalt auf die Stunde der Rache. Weil wir Menschen durch keinen Instinkt mehr gehalten werden, bleiben wir dringend auf die Zehn Gebote angewiesen, um uns vor uns selbst und unseren Mitmenschen zu schützen.

Daran dachte ich, als ich in den Spiegel guckte. Ich mußte über den kleinen Pfarrer lachen, dem alle respektvoll und freundlich begegnen, manchmal herablassend freundlich. Und dieser Pfarrer bricht in Tränen aus, wenn er auf die Tatsachen des Lebens stößt. Haben wir Theologen nicht einen Ton unverbindlicher Liebenswürdigkeit kultiviert? Hegel aber hat erklärt: »Ich bin Lutheraner und will es bleiben«. Damit hat Hegel für seine am Alten Testament geschulte philosophische Reflexion gefunden: alle theologischen Inhalte sind auflösbar in weltliche Zusammenhänge. Nur ein Inhalt bleibt resistent gegen jegliche Ablösung von seinem biblischen Grund: die Erfahrung des *peccatum radicale*, die den Menschen peinigende Erfahrung der Verlorenheit in die Sünde. Die Weisheit, welche diesen Stachel im Fleisch der blöden Selbstgerechtigkeit festhält, ist das unauflösbare Gut, das jüdische und christliche Theologen den sich selbst Belügenden schulden.

In kleineren und mittleren Vereinen kennt man sich. Die Zuschauer kennen die Schwächen ihrer bewunderten Spieler, manchmal auch private Details. Wir nannten ihn »Schabbi«. Er war klein, mit dünnen Ärmchen und Beinen. Und er war ein Giftzwerg. Einmal rannte ihn ein großer, wilder Mann aus Schalke einfach um. Wir nickten uns zu. Wir wußten, was jetzt kommt. Nach einer halben Stunde wurde der große, wilde Schalker vom Platz getragen. Schabbi stand daneben, und sein Blick war trüb-unschuldig. Wilfried teilte den Umstehenden mit: »Wir Darmstädter sind natürlich gegen Gewalt. Aber man kann sich nicht alles gefallen lassen.«

Wenn der Schiri den »Lilien« einen Freistoß zusprach, riefen wir: »Walter! Walter!« – »Wo bleibt er denn?«, haspelte ich aufgeregt. Da belehrte mich Antonio, der italienische Schuster aus unserem Quartier: »Der Bechtold ist genauso gut wie der Beckenbauer, nur eben zu langsam. Der kommt bald«. Endlich kam Walter Bechtold angetrabt. Er flüsterte seinen Mannen etwas zu. Dann guckte er den Torwart an. Jetzt nahm er Maß, guckte wieder und schoß. Der Ball trudelte über die Düsseldorfer Mauer, der Torwart spähte verzweifelt nach dem Ball. Drin war er! Wir lagen uns in den Armen und lachten. Spieler Bechtold winkte. Hinterher, in der Beiz, resümierte Bernhard: »Die Düsseldorfer sind alles Deppen, und ihr Trainer ist ein Simpel. Sie haben alle nichts verstanden. Am Schluß haben sie vor Freude getanzt, nur weil sie 6:1 gewonnen haben. Aber: der schönste Moment im Spiel war doch Walters Tor. Basta und Prost!«

Geht man den Scherzen und Späßen auf den Grund, dann kann Humor zum Kniebruder der Sündenerfahrung werden. Eines Sonntags lud ich Johann Hartl zum Fußballspiel ein. Herr Hartl gehört zu jenen rumäniendeutschen Küsterfamilien, die etwas Wärme und Treue in unsere geistlich ausgezehrten Kirchengemeinden bringen. Nun erlebte Johann Hartl seinen Pfarrer auf dem Fußballplatz. Als der Mittelstürmer der »Lilien,« der, wie alle erzählten, in eine schöne Schwedin verliebt war, freistehend vor dem Tor den Ball nicht rein machte, brüllte ich: »Geh doch zu deiner Anita, du Looser, aber laß uns mit deinem öden Gekicke in Ruhe.« Johann Hartl blickte verstört. Derselbe Pfarrer, der immer ausgleichend, versöhnend, freundlich sprach und wirkte, hatte plötzlich Schaum vor dem Mund. Die Verstörung des Küsters war auffällig. Ich erkannte, daß ich – wie der Volksmund treffend formuliert – »aus der Rolle gefallen war«. Mit Rücksicht auf einen lieben Menschen gab ich mir selber meine Rolle zurück. Ich sollte wieder der liebe Pfarrer sein. – Als dann der Schiedsrichter uns den fälligen Elfmeter versagte, rief ich wohltemperiert: »Falsch! Ganz falsch! Bitte, überdenken Sie Ihre Entscheidung. Das war eindeutig Elfmeter!«

Mit Recht hat Martin Luther darauf gedrungen, daß das Postulat »es gilt kein Ansehen der Person« exklusiv auf den Zusammenhang »vor Gott« bezogen bleibt. »Das Evangelium ist ein seltener Gast«. Im ständigen, alltäglichen Leben bestimmen uns Pflichten, denen wir mit Einsatz unserer Person nachzukommen versuchen. Nur im Augenblick der Bedrängung deines oder meines Gewissens darf der Amtsträger die Maske (lat.: *persona*) fallen lassen.

Die Würde des seltenen Augenblicks

Die kostbare Würde des seltenen Augenblicks bringt mich auf den dritten Punkt: Wunderbare Tore! Sie gelingen höchst selten! Wann hören wir schon von einem Prediger rühmen, er habe zur rechten Zeit das rechte, strafende, mahnende Wort gesagt, oder zur rechten Zeit mit dem Wort erlöst und die Gefangenen befreit?! Was ich damit meine, möchte ich an einem Beispiel erläutern: Kennen Sie noch Helmut Haller? Zusammen mit Schnellinger war er einer der ersten Fußballer, der nach Italien ging: von Augsburg nach Bologna. Am Ende seiner Karriere kehrte er nach Augsburg zurück. So mußte er auch mit seiner Augsburger Mannschaft in Darmstadt spielen. Haller machte erst gar nicht den Versuch, sein Bäuchlein zu verbergen. Meistens stand er in der Mitte des Spielfeldes. Er wurde kaum mit Vorlagen bedient. Wir frozzelten: »Haller verfolgt mit einem gewissen Interesse das Spielgeschehen.« Dann kam die fünfundachtzigste Minute: Haller bekam den Ball, machte eine kleine Drehung, schon war der erste Gegenspieler überlistet, dann überrannte er die nächsten beiden Gegner, die darauf nicht vorbereitet waren, noch zwei, drei side-steps, flach und unhaltbar zischte der Ball ins Netz. Wir jubelten. Die Darmstädter Spieler rissen Mund und Nase auf. Und der Stadionsprecher, der gewöhnlich die Tore der Gastmannschaft mit Grabesstimme zu vermelden pflegte, gab leichthin bekannt: »0:1 für BSC Augsburg durch den Spieler mit der Nummer 9: Helmut Haller. Er kann's!«

Während unserer Zürcher Studienjahre hat Thomas Bonhoeffer gelegentlich betont, daß Theologie die Kunst der Unterscheidung sei. Es ginge um die Unterscheidung der Zeiten: *distinctio temporum.* Das könne man bei Luther studieren. Gesetz und Evangelium, die beiden Reiche, das sind Unterscheidungen, über die man nicht schulmäßig verfügen kann. Sie haben ihre Stunde. Und der erfahrene Prediger weiß, was die Stunde geschlagen hat. Was das konkret heißen kann, ging mir auf, als Ernst Fuchs aus Berlin zu einem Gastvortrag nach Zürich kam. Nachher saßen wir noch bei einem Glas Wein zusammen mit Gerhard Ebeling, Thomas Bonhoeffer und einigen anderen. Ernst Fuchs erzählte: »Ich habe bei Bultmann gehört und habe Luther und Heidegger gelesen. Und irgendwann habe ich die Drei in mir zusammengebracht. Da hat's bei mir geknallt!« In dem Moment platzte es aus Thomas Bonhoeffer heraus: »Und seitdem haben Sie einen Knall!« Thomas Bonhoeffer war wütend, weil er angeblich von dem Gastvortrag nichts verstanden hatte. Wir anderen Zuhörer aber waren erschrocken. Es herrschte lähmende Stille, bei der wir alle darauf hofften, daß irgendeiner ein lösendes, befreiendes Wort sagen kann. Und das gelang Gerhard Ebeling: »Nun, lieber Herr Bonhoeffer, ich erhebe mein Glas darauf, daß es irgendwann bei Ihnen auch einmal knallt!«

Wir hoffen auf Funken. Wir hoffen auf schöne Tore und auf lösende Worte zur rechten Zeit.

THOMAS
SCHLEIFF

Die Fans

Den Fans gebührt ein Dank – und Ehre:
Sie sorgen für die Atmosphäre.
Was wäre Fußball ohne sie! –
So was wie tea-time ohne tea.
Sie sind nicht da, um selbst zu spielen,
sie sind dabei, um mitzufühlen.
Nur manche Fans – was nicht entzückt –
die spielen doch – und zwar verrückt.

C. | Akteure

ELMAR
FUNK

Die »Pälzer Parre«.
Kicker vor dem Herrn

Ob es »Pälzer Parre« oder korrekterweise »Pfälzer Pfarrer« heißen muß, darüber kann man sich streiten. Das hängt wohl von regionalen Spracheigentümlichkeiten ab. Ansonsten sind wir eine eingeschworene Gemeinschaft »fußball-verrückter« evangelischer Pfarrer: Gemeindepfarrer, Schulpfarrer, Vikare (zumeist mit leidenschaftlichem »Betzenberg«-Hang, und dies nicht erst nach Erringung der deutschen Meisterschaft).

Weil es nicht ganz einfach ist – vor allem bei der Terminfülle der letzten Jahre (etwa 25 Spiele pro Jahr) –, 11 durchtrainierte Brüder der »Schwarzkittel-Zunft« plus Ersatzspieler bei jedem Match zusammenzubringen – der eine muß noch an seiner Predigt feilen, der andere wird kurzfristig ins Krankenhaus gerufen, der dritte hat einen unaufschiebbar wichtigen Kurs im Predigerseminar, der vierte bekommt vom »Verband«, sprich: Ehefrau, keine Freigabe ... –, haben wir unseren Spielerkader um wenige, mit der kirchlichen Lupe ausgesuchte, gestandene Mannsbilder aus dem sozialen, pflegerischen und pädagogischen Bereich erweitert. Auch Leihgaben vom ökumenischen Transfer-Markt sind darunter.

In der Exoten- und Kuriositätenliga haben wir uns einen festen Platz im vorderen Mittelfeld erkämpft – mühsam, wie ein Eichhörnchen. Wir lieben Gott und die Welt und scheuen keine namhaften Gegner und fürchten keine großen Namen. Gegen das ZDF haben wir gekickt (gegen die Journalisten vom »Aktuellen Sportstudio«), gegen den Südwestfunk (»Flutlicht«-Redaktion) und dreimal in Bonn gegen die Abgeordnetenelf des Deutschen Bundestages. Mit der »Pälzer Ausles«, den ehemaligen Sportgrößen aus verschiedenen Disziplinen, haben wir unsere fußballerischen Kräfte des öfteren – mit wechselndem Erfolg – gemessen. Selbst an die Traditionself des 1. FC Kaiserslautern haben wir uns im Meisterjahr herangetraut (und ehrenhaft mit 3:6 verloren). Zu Beginn des Evangelischen Kirchentages im Kohlenpott 1991 sind wir in Bochum zu einem Match gegen eine fusionierte Altliga-Auswahl mit Spielern vom VfL Bochum und von Wattenscheid 09 aufgelaufen. Die unglücklichste und gleichzeitig schmerzlichste Niederlage haben wir uns (mit 2:3) in Rom gegen die Schweizer Garde des Vatikan »eingefangen«. Allerdings waren die katholischen »Brüder« im Schnitt auch 15 Jahre jünger ... Die Altersspanne liegt bei uns zwischen 28 und 55 Jahren.

Bundesliga- und länderspielerfahrene Pfeifenmänner haben uns nach ihren Flöten tanzen lassen: der lange, liebenswürdige Spaßvogel Walter Eschweiler und unser bekanntes pfälzisches »Eigengewächs«, Werner Föckler, dazu Dr. Markus Merk, aktueller Top-Schiri aus Kaiserslautern. Die Betzenberg-bekannte »Rentnerband« aus der Nordpfalz sorgt bei großen Spielen für den schwungvoll »jazzigen« musikalischen Rahmen.

Den Spaß an der Freud verbinden wir mit sozial-karitativen Zielsetzungen. Pro Jahr erspielen wir etwa 20.000 bis 25.000 Mark, die pfälzischen Stadien »abgrasend«. Der Kontakt zu den Außenseitern, zu den Menschen am Rande unserer Gesellschaft ist uns ein elementares Anliegen. Beleg dafür sind beispielsweise die fast regelmäßigen Auftritte in rheinland-pfälzischen Justizvollzugsanstalten gegen »Knast«-Mannschaften. Vor allem die Gespräche hintendran, hier hinter Gefängnismauern und »draußen« in der dritten Halbzeit mit »Otto Normalverbraucher« – der Themenkatalog umspannt Kirche, Sport, Politik, Gott und die Welt – bringen uns oft mit Menschen zusammen, an die »die Kirche« gewöhnlich nur schwer herankommt, Menschen, die mit »Kirche« – sicher meist klischeehaft – Steifheit und Weltfremdheit verbinden. Vielleicht können wir mit unserer Kickerei – zumindest hin und wieder – ein Stück Korrekturarbeit leisten.

Unser lila Trikot (in der liturgischen Farbe der Buße) zeigt vorn auf der Brust einen liebenswürdig – leicht »vertrottelten« Amtsbruder mit gewinnendem Lächeln und segnend ausgebreiteten Armen. Mit dieser menschenfreundlichen Grundhaltung versehen wir unseren schönen Beruf – und spielen Fußball ...

SUSANNE
DEGENHARDT

Ganz in Schwarz –
vorm Altar
und auf dem Rasen

Na, wat tippense denn heute? Wer bei dieser Frage an Lotto oder Schreibmaschine denkt und nicht sofort an den Endstand des nächsten Bundesligaspiels vom BVB, steht in Dortmund schnell im Abseits. Das habe ich, als ich mein Vikariat 1988 in Dortmund begann, schnell festgestellt. Und, wenn mir damals jemand gesagt hätte, daß mein Name einmal im Zusammenhang mit Fußball genannt werden würde, dann hätte ich gleich die rote Karte gezückt. Aber schon kurze Zeit nach meinem Umzug in die Fußballstadt Dortmund hatte auch mich das Fußballfieber gepackt.

Mein Motto beim Einstieg ins Berufsleben im Ruhrgebiet lautete: »Wenn ich das Evangelium glaubwürdig mitteilen will, muß ich auch das Leben derer teilen, denen ich es sagen will.« Bis zu dem Zeitpunkt wußte ich von Fußball so viel wie ein I-Männchen von höherer Mathematik. Also verordnete ich mir zunächst einen Stadionbesuch und das regelmäßige Lesen des Lokalsportteils in der Tageszeitung. Ich wollte herausfinden, was an diesem Sport so faszinierend ist; und natürlich wollte ich auch beim Thema Nr. 1 mitreden können.

Mein erster Stadionbesuch war dann 1989 zum Bundesligaspiel gegen Werder Bremen. Es muß ein sehr spannendes Spiel gewesen sein. Im Nachhinein konnte ich mich allerdings weniger an den Spielverlauf und das Ergebnis erinnern, als an die Fans um mich herum und die Stimmung auf der Tribüne. Schon wenige Minuten nach Spielbeginn hatte ich den Überblick vollkommen verloren und war hin und hergerissen zwischen dem, was da auf dem Spielfeld passierte, und dem lauthalsen Geschehen in meinem Block.

Der Fußballvirus hatte mich befallen! Und es war deshalb auch nur noch eine Frage der Zeit, wann ich zum Dauergast auf der Tribüne wurde. Seit 1990 bin ich nun stolze Besitzerin einer heute in Dortmund heiß begehrten Dauerkarte.

Diese Dauerkarte erleichterte mir kurz darauf den Kontakt zum BVB-Fanprojekt, einem Verein, der sich die Sozialarbeit mit gewaltbereiten Jugendlichen auf die Fahne geschrieben hat. Getreu meinem Grundsatz: »Wenn die Menschen nicht zur Kirche finden, muß die Kirche einen Weg zu den Menschen suchen«, stattete ich auch dem in meinem Bezirk neu eröffneten Ladenlokal des Fanprojekts einen Besuch ab. Auf die Frage der durch das Auftreten einer Pastorin irritierten Sozialarbeiter, ob ich denn Fan sei, konnte ich beruhigend auf meinen Sitzplatz im »Block P wie Pastorin« hinweisen. Schnell war so das Eis gebrochen, und bis heute ist dies ein guter Kontakt geblieben. Immer wieder ergibt sich im Fanlokal die Möglichkeit, mit Leuten wie den »Jungs« ins Gespräch zu kommen, die sich schon lange von Kirche abgewandt haben.

Immer wieder weckt die Kombination Pastorin und Fußball Erstaunen. Die Tatsache, daß eine Pastorin sogar zum UEFA-Cup Endspiel nach Turin fliegt, um mit Tausenden anderer Fans die eigene Mannschaft zu unterstützen, wird für so abwegig gehalten, daß eine örtliche Tageszeitung darüber einen großen Artikel im Hauptsport brachte.

Damit begann meine kurze Laufbahn als Fußball-Schiedsrichterin im Juniorenbereich. Denn diesen Artikel lasen Mitglieder des Kreisschiedsrichter-Ausschusses Dortmund und fragten bei mir an, ob ich Interesse an einem Schiedsrichterlehrgang hätte. Ich hielt das damals für einen Scherz – von einer Schiedsrichtervereinigung hatte ich noch nie gehört! Meine Gesprächspartner aber blieben beharrlich, und so stimmte ich einer Einladung zum nächsten Lehrgangstermin im Oktober zu. »Falls es meine Zeit erlaubt«, versprach ich, »werde ich mich damit versuchen.«

Was ich eigentlich nicht ernsthaft erwartet hatte, wurde im Herbst 1993 Wirklichkeit: Ich ging zum ersten Mal zum Lehrgang für Schiedsrichteranwärter, ein Kurs, der sich über sechs Abende erstreckte und nach einigen Wochen mit einer Leistungs- und Theorieprüfung endete. Der Lehrgang erinnerte mich stark an die Vorbereitung auf die Führerscheinprüfung; wieder saß ich da mit vielen anderen über den Fragebögen und versuchte mit rauchendem Kopf, die richtigen Lösungen niederzuschreiben oder anzukreuzen. Aber was wußte ich – die ich nicht aus der Spielpraxis kam, wie die anderen Anwärterinnen und Anwärter aus den Vereinen – schon von Schiedsrichterball, Abseits, Spielfeldgröße u. ä.?

Naja, einer Pastorin sah man die Wissenslücken nach und half mit Tips, wo man konnte. Am Büffeln ging dann allerdings kein Weg vorbei, um die Prüfungen zu schaffen. Das hätte ich mir auch nicht träumen lassen, daß ich mich nach meinem letzten Theologischen Examen noch einmal freiwillig einer Prüfung unterziehen würde.

Nach meiner Vorstellung sollte mein Engagement im Bereich der Schiedsrichterei nach bestandener Prüfung beendet sein. Aber wieder bewiesen die »Sportskameraden« der Schiedsrichtervereinigung große Beharrlichkeit. Ich sollte wenigstens den Versuch machen, die gelernte Theorie in die Praxis umzusetzen. Durch meine Vereinsmitgliedschaft bei Borussia Dortmund wären schließlich alle formalen Voraussetzungen für die aktive Schiedsrichterei gegeben. Dem Argument konnte ich nichts entgegensetzen, und da ich bis dahin große Unterstützung von seiten der leitenden Schiris bekommen hatte, nahm ich diese Herausforderung an und stürzte mich in unbekannte Gefilde.

Kurz vor meiner ersten »Ansetzung« packte mich allerdings ein solches Zittern und Zagen, daß ich fast kapituliert hätte. Ich war aufgeregter als vor einem wichtigen Gottesdienst. Nur die aufmunternden Worte eines Schiedsrichterkollegen haben mich meine weichen Knie vergessen und den Weg zum Sportplatz schaffen lassen.

So nach und nach habe ich mich dann an meine neue Funktion im schwarzen Dreß gewöhnt und sie am Ende wohl auch ganz passabel ausgeführt. Ich war aber bis zum Schluß immer froh, wenn andere Schiris mal auf dem Platz vorbeischauten, um zu sehen, was für Fortschritte die klerikale Kollegin machte. Außerdem war mir das Betreuungssystem für den Schirinachwuchs, auf das der Dortmunder Kreisschiedsrichterausschuß sehr stolz ist, eine große Hilfe. Da bekommt nämlich neben den obligatorischen monatlichen Belehrungsabenden jeder Jungschiedsrichter und jede Jungschiedsrichterin einen erfahrenen Schiri zur Seite gestellt. Dieser Betreuer begleitet Schützlinge dann zu den ersten Spielen und steht mit Rat und Tat und konstruktiver Kritik zur Seite.

Die Schiri-Kollegen haben häufig über meine Praxisanfänge geschmunzelt, wenn ich lernen mußte, daß das Wissen um das »Regelwerk« nicht schon automatisch zur richtigen Anwendung führt. Die Regeln beherrschen ist das Eine, aber mit der Pfeife Verstöße rechtzeitig und für alle erkennbar anzuzeigen und nicht durch Spielerprotest womöglich wieder ins Schwanken geraten, ist noch etwas anderes. »Eine starke Persönlichkeit und gutes Durchsetzungsvermögen sind da die

44

wichtigsten Voraussetzungen, die die Schiris mitbringen müssen, sonst ist's aus mit der Leitung« – mit solchen Sätzen ermahnten uns die Lehrwarte häufig auf den »Belehrungstagen«.

Als Schiri gab es nicht nur viel zu lernen, sondern mindestens genauso viel zu beobachten; z. B. daß bei den Jugendspielen, die ich geleitet habe, weniger die Spielerproteste unangenehme Begleiterscheinungen waren, als die lautstarken, oft recht unflätigen Einwürfe von Eltern und Trainern vom Spielfeldrand. Sie wollten die Jüngsten wohl schon zu kleinen Chapuisats oder Riedles trimmen. Leistung und Konkurrenz, Geld und materielle Anreize spielten da häufig eine größere Rolle als die Freude am Sport und am gemeinsamen Spiel.

Spannend war für mich neben den beiden Halbzeiten auf dem Spielfeld auch immer die Zeit nach dem Spiel, wenn ich bei Bratwurst und Bier mit den Eltern und anderen Begleitern im wahrsten Sinne über Gott und die Welt reden konnte. Denn, daß die Frau in Schwarz »Frau Pfarrer« ist, hatte sich immer schnell herumgesprochen und bot genügend Anlaß zum Gespräch. Da wurden eigene Erfahrungen mit Kirche und deren Amtsträgern diskutiert, und es wurde kräftig die Chance genutzt, Erwartungen und Enttäuschungen einmal loszuwerden. Nicht zuletzt wurde Frau Pfarrer auf Herz und Nieren geprüft, um zu sehen, was das heutige Bodenpersonal Gottes denn so zu bieten hat. So war ich als Kirchenvertreterin und Seelsorgerin gefragt, ohne daß es vorher absehbar gewesen wäre, geschweige denn geplant war.

Eins war in diesen Gesprächen für mich immer spürbar: an meiner Person erstaunte nicht etwa, daß ich als Frau den Schiedsrichterdreß trug, sondern daß jemand von der Kirche in einem so profanen Bereich anzutreffen war. Da war plötzlich jemand, von der man sagen konnte: Ja, die spricht auch unsere Sprache. In der

45

Volksmeinung hat sich Kirche offensichtlich aus dem normalen Alltag verabschiedet.

Kirchengemeinde und Fangemeinde – eine kleine Synopse

Je mehr ich mich mit dem Phänomen Fußball beschäftige und je häufiger ich als Zuschauerin ins Stadion gehe, um so mehr mache ich interessante Beobachtungen und fallen mir Parallelen zur Gemeindearbeit ins Auge.

»Für die Region ist Borussia fast schon Religion« – so wird in den Hymnen der Borussia-Fans gesungen. Schon von Anfang an habe ich mich gefragt, ob an diesem Satz wohl was dran ist.

Kerngemeinde und Südtribüne

Schaut man sich die Zusammensetzung der Gemeinde der Fans und die der Kirchengemeinde an, entdeckt man in beiden die gleichen Abstufungen und Schattierungen. Hier wie dort gibt es die Treusten der Treuen, die frühzeitig zum Ereignis Gottesdienst oder Bundesligaspiel an Ort und Stelle sind und ihre angestammten Plätze einnehmen. Wie in früheren Jahren die Kirchenbänke mit den Namen der Honoratioren von Stadt und Gemeinde namentlich markiert waren, haben sich einige Fans auch auf ihren Stammplätzen in Block 13 mit Namen verewigt. Und niemand käme auf die Idee, sie ihnen streitig zu machen.

Sonntagsstaat und Fan-Kutte

Zur Vorbereitung auf den Kirchgang und den Stadionbesuch ist es wichtig, die Kleidungsfrage zu klären. Kleidung als Ausdruck unseres Lebensgefühls und unserer Stimmungslage ändert sich ja mit dem Anlaß, für den wir uns ankleiden. Sehr bewußt wird sich also sonntags für den Anzug oder das neue Kleid mit dem neuen Mantel entschieden, bzw. freitags oder samstags für die schwarz-gelbe Kluft mit Schal, BVB-Kappe, Trikot mit Nummer und Namen des Lieblingsspielers oder für die Kutte aus Jeans mit Aufnähern des Fan-Clubs und anderer BVB-Embleme.

Glockenläuten und Schiedsrichterpfiff

Gottesdienstablauf und Verlauf eines Fußballspiels ereignen sich nach klaren Regeln. Ich meine sogar, daß man für beide Bereiche von Liturgie sprechen kann. Denn Beginn, Mittelteil und Ende werden immer von ganz bestimmten Liedern, Gesängen und gemeinsam gesprochenen (im Stadion meist laut gerufenen) Texten begleitet. Daß der Gottesdienst mit dem Glockengeläut beginnt, lernt jede Konfirmandin und jeder Konfirmand im kirchlichen Unterricht. Die Glocken rufen die Gemeinde zur sonntäglichen Versammlung zum Lobe Gottes. Einige Minuten vor dem Läuten haben sich viele Gemeindeglieder bereits vor der Kirchturmtür oder im Foyer unter dem Turm versammelt und unterhalten sich, tauschen Neuigkeiten aus und erkundigen sich nach dem, was sich in der letzten Woche ereignet hat. In mancher Gemeinde ist es zur guten Sitte geworden, dies bei Kaffee, Tee und Gebäck zu tun. Hier ist wohl keine Anregung aus dem Stadion mehr nötig, wo vor dem Anpfiff das Sich-Begrüßen und der Austausch von Fanclub- oder Vereinsnachrichten bei Bratwurst und Bier eine große Rolle spielen.

Eher könnten Kirchengemeinden sich von der Tatsache inspirieren lassen, daß es noch eine Extra-Begrüßung sowohl des Stadionsprechers (»Nooor-beeert Diiickel, jeder kennt ihn, den Held von Berlin«) und der eigenen Mannschaft als auch der fremden Mannschaft gibt – letztere allerdings nicht durch Mitrufen, sondern durch lautstarkes Übertönen der Mannschaftsaufstellung. Trotzdem ein beeindruckendes Beispiel von Anerkennung derer, die am Geschehen maßgeblich beteiligt sind. Wenn die Stadionhymne beginnt, nehmen die Hauptakteure dann ihren Einzug.

»Gloria« und »Borussia«

Diejenigen, die häufig zum Gottesdienst gehen und sich zur Gemeinde halten, kennen natürlich alle wichtigen Lieder und Hymnen auswendig. Da muß niemand im Gesangbuch den Text des Gloria, Sanctus oder Kyrie nachschlagen. Anders ist es bei den Borussia-Fans eigentlich auch nicht. Wer zum Insiderkreis gehört, womöglich noch im Block 13 auf Süd steht, ist in der Lage, alle Vereins-Hymnen und aktuellen Lieder mitzusingen oder anzustimmen. Interessant ist die Unterscheidung von Lied und Hymnus, die es in Kirche und Stadion gleichermaßen gibt.

Der Hymnus (griech.: Lobgesang, Rühmung), laut Definition des Evangelischen Kirchenlexikons die Grundform des Kultliedes, wird bei jedem Spiel und in jedem Gottesdienst gesungen und wird auch im Gegensatz zu den übrigen Liedern im Wortlaut und in der Melodie nicht verändert. Dabei ist es auffallend, wie sehr sich die Inhalte von Kirchen- und Stadiongesängen gleichen können. Bei Versen wie: »Leuchte auf, mein Stern, leuchte auf, zeig mir den Weg« könnte man meinen, es handele sich um ein Epiphaniaslied oder eine neue Strophe von »Stern, auf den ich schaue«, dem Wunschlied der Frauenhilfe.

Religiöses Vokabular ist im Stadion keine Seltenheit: da wird von »Liebe, Hoffnung, Zuversicht« gesungen oder vom »Tempel der Glückseligkeit«. Manche Chöre, die von der Tribüne schallen, erinnern an zentrale Aussagen des Neuen Testaments: »... bin bei dir bis in alle Ewigkeit«, »Hier fragt man nicht nach arm oder reich, Männer, Frauen, alle Nationen, hier sind alle gleich.« Es gibt im Fan-Block übrigens auch so etwas wie einen Chorleiter, der je nach Situation den gerade passenden Gesang anstimmt und die Gesamtgemeinde der Fans zum sofortigen Mitsingen animiert.

Interessant finde ich immer wieder den kreativen Umgang mit dem sportlichen Liedgut. Manche Gemeinde täte sicher gut daran, ein wenig von dieser Umgangsweise für die eigene musikalische Arbeit zu übernehmen. Hier werden nicht nur die gewohnten Strophen intoniert, sondern es wird auch, wenn die Situation auf dem Spielfeld es erfordert, eine Strophe hinzugefügt, neu gedichtet oder abgeändert.

Da zeigen sich sowohl der Vorsänger (»Einpeitscher«) als auch die Gesamtheit der Fans spontan und flexibel. Seit einigen Jahren ist es auch üblich, von Auslandsspielen neue Lieder mitzubringen, sie mit deutschen Texten zu versehen und auf die eigene Situation umzudeuten.

Ökumene und Auswärtsspiele

Im Rahmen der Ökumene ist es im kirchlichen Bereich schon lange gute Tradition, sich mit religiösen Handlungen und Ritualen anderer Gemeinschaften zu befassen. Gegenseitige Besuche fördern Gemeinschaft, stellen Austausch her und bringen Vielfalt und Farbe in die religiöse Praxis. Auch im Bereich des Fußballs gibt es internationale Kontakte, die auf Austausch und Gemeinsamkeit angelegt sind und die sich belebend auf das heimatliche Geschehen auswirken. Was für die Kirchengemeinde die ökumenische Begegnung mit der Partnergemeinde in Nah und Fern ist, sind für die Borussia-Fans die Auswärtsspiele in Glasgow (gegen Celtic natürlich!) oder in Turin (gegen Juventus), in München (gegen TSV 1860) oder gegen den SC Freiburg. Höllenqualen leiden BVB-Fans allerdings, wenn sie an Schalke denken.

Fazit – Religiös und Profan

Kirche und Stadion, Religion und Fußball – zwei Größen, die in Dortmund nicht auseinanderfallen.

Dieses Gegensatzpaar profan und religiös scheint es so nicht (vielleicht nicht mehr) zu geben. Denn die Sehnsucht nach Gemeinschaft, Zusammengehörigkeit und Orientierung, die früher an Kirche und Christentum geknüpft war, findet heute auch im Profanen ihren Ort und ihre Erfüllung. »Wir gehören zusammen, ganz egal, was passiert« – so singen Borussia-Fans von der Tribüne und sprechen aus, was auch Kirchenmitglieder als besonderen Wert von Gemeinde empfinden. Umgekehrt haben sogar säkulare Rituale schon Einzug in den kirchlichen Bereich genommen – nicht nur in Dortmund: die La Ola-Welle ist schon zum festen Bestandteil der Abschlußgottesdienste beim Kirchentag geworden.

Gut oder schlecht? Ich meine, in der »nachchristlichen Wendezeit« gibt es keinen Weg daran vorbei, die religiöse Dimension im Profanen neu zu entdecken und daran anzuknüpfen.

MARTIN
GRAB Mit Paulus
beim Lokalderby

Sonntag, 12. November 1995

Ein ganz normaler, zweigeteilter Sonntag – am Vormittag
bin ich auf der Kanzel und am Nachmittag auf dem
Sportplatz im Einsatz. Unsere Mannschaft spielt seit dem
Abstieg vor ein paar Jahren in der untersten Spielklasse –
»Liga sorgenfrei« genannt, weil keines der Teams in unserer Staffel sich mit Abstiegssorgen herumschlagen
muß. Heute haben wir ein Spiel im Nachbarort. Ein solches Lokalderby vergrößert den Reiz eines Spieles merk-
bar. Jeder von uns kennt den einen oder anderen Spieler
der anderen Mannschaft. Auch mir sind einige von ihnen
nicht fremd: die einen habe ich getraut, von anderen die
Kinder getauft, und wieder anderen bin ich bei Bestat-
tungen von Angehörigen begegnet. Auch die Zuschauer
wissen, welchem Beruf ich nachgehe – und bedenken
mich während des Spieles mit manchmal sehr anzügli-
chen Kommentaren.

Für das heutige Spiel habe ich in Gedan-
ken einen neuen Spieler verpflichtet, nämlich Paulus. Er
wird neben mir im zentralen Mittelfeld spielen, und ich
will hören, was er mir dabei zu sagen hat – vor allem: ob
er überhaupt etwas zu sagen hat.

Eine halbe Stunde vor Spielbeginn findet
eine letzte Mannschaftsbesprechung statt. Die anderen,

das wissen wir, sind jünger und vor allem schneller als wir – es wird ein heißer Tanz für uns werden, wenn wir sie ins Spiel kommen lassen. Aber wir brauchen die drei Punkte dringendst, weil die Saison für uns sonst schon nach der Vorrunde gelaufen ist. »Wisst ihr nicht; dass alle laufen, aber nur einer den Siegespreis erhält?« Doch, Paulus, wir wissen es, aber heute müssen *wir* es sein, die gewinnen – deine Gelassenheit hilft uns da nicht weiter. Wir bauen lieber auf das, was du seinerzeit den Römern geschrieben hast: »Hoffnung lässet nicht zuschanden werden«.

Zehn Minuten vor Spielbeginn begegnet mir der Schiedsrichter. Mit Erschrecken stelle ich fest, daß er derselbe ist, der mir seit Jahren grundsätzlich die gelbe Karte gibt, wenn ich – was ich als Mannschaftskapitän ja darf – ihn auf Fehlentscheidungen aufmerksam mache.

Dieser Schiri, vor dem mir graut, ist der lebendige Beweis, daß mein Konfirmationsspruch, der aus deiner Feder stammt, lieber Paulus, überall im Leben wunderbar ist, aber beim Fußball nicht taugt. Was hast du dir dabei gedacht als du nach Rom geschrieben hast »wenn man mit dem Munde bekennt, wird man gerettet«?

Vor zwei Jahren hat er hier, gegen denselben Gegner wie heute, drei Mannschaftskollegen vom Platz gestellt und weiteren fünfen die Gelbe Karte gezeigt. Dies geht mir durch den Kopf, als ich dem Schiedsrichter die Hand reiche und ihn bitte, uns nicht zu verpfeifen. »Das ist doch Schnee von gestern – heute ist alles vergessen«, sagt er. (Mensch Paulus, falls du es warst, der den Epheserbrief geschrieben hat, dann erfüllt sich gerade eine deiner Anweisungen: »Seid aber untereinander freundlich, herzlich und vergebet einer dem Anderen.«)

Das Spiel beginnt. Unsere Gegenspieler im Mittelfeld haben scheinbar ein Höhentrainingslager hinter sich und laufen uns immer wieder davon. Und Paulus neben mir? »So liegt es nun nicht mehr an je-

52

MANDES WOLLEN ODER LAUFEN, SONDERN AN GOTTES ERBAR-
MEN.« Wahrscheinlich hat er recht.

Es ist weniger dem Erbarmen Gottes als
unserem Torhüter zuzuschreiben, daß wir nach einer
Viertelstunde nicht schon mit 0:3 zurückliegen. Stefan ist
in Topform, auch wenn seine Augen verraten, daß er in
der vergangenen Nacht nicht vor Beginn der Morgen-
dämmerung ins Bett gefunden hat. (Von wegen »EIN JEG-
LICHER, DER DA KÄMPFT, ENTHALTE SICH ALLER DINGE«.)

Wer auch immer sich unser erbarmt hat
– nach 20 Minuten bekommen wir das Spiel und die Gegner besser unter Kontrolle und gehen nach einem Konter
in Führung. Das Spiel gewinnt an Klasse – und vor allem
an Kampf. Kurz hinter der Mittellinie bekomme ich einen
Ball und ziehe los, zwei Gegenspieler hinter mir her.
(Paulus, das kannst du nicht im Ernst gemeint haben, die
zu segnen, die mich verfolgen, dazu ist jetzt keine Zeit.)
Zu meinem Leidwesen und dem meiner Mitspieler ver-
siebe ich die Chance.

Kurz danach begehe ich an meinem Ge-
genspieler ein Allerweltsfoul. Er steht auf und tritt mich
von hinten um, vor den Augen des Schiedsrichters. Alle
wissen wir, daß der ihm jetzt die Rote Karte zeigen wird
– aber was tut er? Er zeigt nur gelb! Das darf nicht wahr
sein. Wir bestürmen den Schiedsrichter. »Geht Ihre Ver-
pfeiferei schon wieder los?« brülle ich ihn an. Der
Schiedsrichter grinst mich an. Er will mich provozieren
und hat schließlich auch Erfolg. Auf mein »Ziehen Sie
doch gleich das Trikot vom Gegner an«, zeigt er mir gelb.
»IST JEMANDEM ERMAHNUNG GEGEBEN; SO ERMAHNE ER.«
Lieber Bruder Paulus, ich weigere mich, anzuerkennen,
daß dieser Schiedsrichter sein Amt infolge einer besonderen Gabe von Gott ausübt!

Unsere Gemüter haben sich noch nicht
beruhigt, da fällt Sekunden vor dem Halbzeitpfiff der
Ausgleich. Paulus sitzt in der Kabine neben mir – ich rük-

ke deutlich von ihm ab, als er mir zuflüstert, »DASS DENEN, DIE GOTT LIEBEN, ALLE DINGE ZUM BESTEN DIENEN«.

Die zweite Halbzeit beginnt. Der »Sünder« aus der ersten Halbzeit entschuldigt sich bei mir – keine alltägliche Geste. Er spielt nun lammfromm und behandelt mich in Zweikämpfen wie ein rohes Ei. Ich nütze diesen Freiraum auf meine Weise und bringe unsere Mannschaft mit 2:1 in Führung; mein Gegenspieler wird daraufhin ausgewechselt. (Paulus, du hattest ja so recht: »RÄCHET EUCH NICHT SELBST; SONDERN GEBT RAUM DEM ZORN – DES TRAINERS.« Ich weiß, Paulus, daß es bei dir etwas anders heißt.)

Noch 15 Minuten, die große Schlußoffensive unserer Gegner beginnt. Ihr Mittelstürmer fällt nach einem Eckball hin, und der Schiedsrichter auf seine Fallkünste herein. (»SEHET DIE VÖGEL UNTER DEM HIMMEL ...« – dein Glück Paulus, daß das nicht von dir ist! Aber du siehst, es lohnt sich, zu fallen bzw. sich hinfallen zu lassen. Magst du auch sonst recht gehabt haben, hier gilt sie nicht, deine Korinther-Weisung: »WER MEINT, ER STEHE, DER SEHE ZU, DASS ER NICHT FALLE.«) Es ist überflüssig zu erwähnen, daß der Strafstoß verwandelt wird. Mit Ansätzen von Mordgier in den Augen pflanzt sich Matze, unser Manndecker, vor dem Schiedsrichter auf, wir müssen ihn zurückhalten.

90 Minuten sind vorbei, immerhin ein Punkt – denken wir. Aber der Schiedsrichter denkt etwas anders. In der 97. (!) Minute gibt er noch einen Freistoß gegen uns, der Ball wird abgefälscht, Tor, Schlußpfiff, der Schiedsrichter spurtet vom Feld (seine erste schnelle Bewegung in diesen zwei Stunden), wir haben 2:3 verloren. »VERGELTET NIEMAND BÖSES MIT BÖSEM.« Auf der einen Seite hast du recht, lieber Paulus, und es ist gut, daß die elf Spieler im violetten Trikot in diesem Moment keinen Zugang zur Schiedsrichterkabine haben. Auf der andere Seite, mein Lieber, wirst doch gerade DU Verständ-

nis dafür haben, daß in dieser Phase der Enttäuschung, unmittelbar nach Spielschluß, der alte Adam in uns wesentlich kräftiger wirkt als alles andere. Und bei Gelegenheit erklärst du mir und meinen Mannschaftskameraden bitte, welche KRAFT IN DIESEM SCHWACHEN (Schiedsrichter) MÄCHTIG war.

Nach dem Duschen ist das meiste vergessen, wir fühlen uns wirklich WIE EINE NEUE KREATUR. Wir sitzen noch zusammen, essen eine Kleinigkeit und trinken (mehrere Kleinigkeiten). Währenddessen hat sich unbemerkt Paulus noch einmal neben mich gesetzt. Und nachdem ich mich über viele seiner Ansichten schon während des Spieles geärgert habe, platzt mir nun der Kragen, als er mir zuraunt: »DAS REICH GOTTES IST MEHR ALS ESSEN UND TRINKEN.« O Paulus, du hast wirklich keine Ahnung vom Fußball und allem, was damit zusammenhängt. Wir wollen heute abend doch gar nicht das Reich Gottes schaffen, wir haben ganz einfach Hunger und Durst. Und außerdem tut es unsagbar gut, nach einem solchen Spiel ein frisches Bier zu trinken, das Spiel abzuhaken und sich für das nächste Spiel wieder aufzubauen. Denn egal, ob wir verlieren oder gewinnen, ob uns ein Schiedsrichter verpfeift oder die Zuschauer uns beschimpfen – für uns ist Fußballspielen die schönste Nebensache der Welt. Daß du das nicht verstehst, nimmt dir niemand übel. Aber nimm du bitte auch mir nicht übel, daß ich dich ab kommenden Sonntag wieder aus unserer Mannschaft nehme. Mit dir ist es schwer zu gewinnen.

Damit wir uns nicht falsch verstehen: Ich finde alle deine Briefe, und auch die deiner Schüler, lesenswert; aber wenn es zu deiner Zeit schon den Fußball gegeben hätte und du selbst Fußball gespielt hättest – ich weiß nicht, ob du deine Briefe an allen Stellen noch einmal genauso geschrieben hättest; wer weiß, vielleicht hättest du sogar einige verständnisvolle Kapitel für uns Fußballer gefunden ...

THOMAS
SCHLEIFF

Erwartungshaltung

»Die Angst des Tormanns beim Elfmeter«
heißt ein Roman vom Handke Peter –
doch größer ist die Angst des Schützen:
Wird mein Elfmeter wohl auch sitzen?

Der Tormann kann ganz ruhig sein:
Man wird es ihm gar leicht verzeihn,
wenn er den Elfer nicht erwischt
und nur noch aus den Maschen fischt.

Doch schießt der Schütze knapp daneben,
wird man es ihm nur schwer vergeben.
Man denkt: Der hat doch leichtes Spiel;
warum trifft er denn nicht ins Ziel?

So hat der Schütze schlechte Karten,
weil alle es von ihm erwarten,
daß er das Ding eiskalt verwandelt.
Versagt er, wird er schlecht behandelt.

Beim Torwart geht es umgekehrt.
Wenn er den Ball flugs abgewehrt,
dann sagen alle: Wirklich toll –
das ist weit mehr, als was er soll.

D.

Der Fußball in Aktion

THOMAS
SCHALLA

Das Geheimnis
ist groß

»Das Geheimnis des Fußballs ist ja der Ball«, sagte Uwe Seeler. Und dieser Ball ist rund, wissen wir von Sepp Herberger. Darin liegt schon das ganze Geheimnis des Fußballs verborgen.

In der Religion spielt der Kreis eine wichtige Rolle. Neben dem Punkt, dem Kreuz und dem Quadrat ist der Kreis eines der religiösen Grundsymbole. Der Kreis steht für göttliche Vollkommenheit. Nichts ist vollkommener als ein Kreis. Er symbolisiert die Schöpfung Gottes, die Unendlichkeit, die Bewegung und die Dynamik. Die äußere Gestalt des Balles spricht also dafür, daß wir es mit einem Symbol des Heiligen zu tun haben.

Ich spitze noch einmal zu: Beim Fußball handelt es sich um den Einbruch des Heiligen in den Alltag. Deshalb kann es nicht verwundern, daß über den Zusammenhang zwischen Ballspielen und religiösem Kult immer wieder nachgedacht wird. Das hängt eben mit der religiösen Symbolik des Balles zusammen.

Der Begegnung mit dem Heiligen dient der gesamte Kultus. Rituelle Formen der Begegnung haben sich ausgebildet, um die Gegenwart des Heiligen erträglich zu machen. Der persönliche Schutz vor dem Heiligen hatte stets einen besonderen Stellenwert. Mose mußte noch durch Gott selbst vor der Macht des göttlichen Angesichtes geschützt werden. Paulus mahnt die Frauen in Korinth, daß sie im Gottesdienst einen Schleier tragen, um vor der Begegnung mit dem Heiligen geschützt zu sein.

Auch im Fußball spielt der Schutz vor dem Heiligen eine wichtige Rolle. Der Ball wird nur mit dem Fuß berührt. Deshalb bedarf die Berührung des Heiligen auch beim Fußball besonderer Vorkehrungen. Die Verehrung der Fußballstiefel hat hier ihren tieferen Grund. Wie habe ich meine ersten Fußballstiefel gepflegt! Ich habe sie wie meinen Augapfel gehütet. Als ich zum ersten Mal mit Fußballstiefeln auf den Platz kam, war das ein Initiationsritus: Jetzt gehöre ich dazu! Ohne Fußballstiefel gegen den Ball zu treten, war eigentlich ein Sakrileg. Erst Fußballstiefel machen aus einem Laien einen ordinierten Fußballer. Sie ermöglichen den individuellen Zugang zum Heiligen. Nun kommt es zur Aufnahme in die Gemeinschaft der Heiligen. Bekanntlich gibt es drei »f«s, die man auf keinen Fall verleihen soll: Füller, Fahrräder und Fußballstiefel.

Wegen seiner besonderen religiösen Macht darf der Fußball auf keinen Fall in die Hand genommen werden, es sei denn zum Einwurf vom Spielfeldrand. Handspiel wird mit der roten Karte geahndet. Die wenigen Ausnahmen bedürfen besonderer Begründung. Ein eindrückliches Beispiel war das wichtige Tor für Argentinien bei der WM 1986: Maradona erzielte regelwidrig das Tor mit der Hand. Er entschuldigte sich jedoch damit, daß es eigentlich gar nicht seine Hand, sondern die »Hand Gottes« war, die hier eingriff.

Der Torwart ist der einzige, der den Ball auch in die Hand nehmen darf. Er hat einen besonderen Zugang zum Heiligen. Deshalb kommt dem Torwart ein besonderer Stellenwert für das Fußballspiel zu. Nicht der Mittelstürmer, nicht der Libero, sondern der Torwart ist die Nummer eins. Daß manche Torwarte nicht mehr die

Rückennummer *eins* sichtbar tragen, sondern irgendeinen bunten Firlefanz, weist auf einen schlimmen Verfall der Sitten im Umgang mit dem Heiligen hin.

Das Leben des Fußballspielers dreht sich um den Ball. Der Ball stiftet auch die Beziehung zu den Mitspielern. Ohne den Ball wären die Spieler nicht die, die sie sind. Der Ball ist die eigentliche Mitte des Teamgeistes. Allein mit dem Ball bist du nichts. Es kann den herausragenden Einzelspieler nur geben, weil er auf ein Team bezogen ist und das Team auf ihn. Der Ball wird zur Verbindung von Individuellem und Allgemeinem.

Von den Fußballspielern fordert der Ball die stete Vervollkommnung ihrer Lebenspraxis, religiös gesprochen: »die Heiligung«. Hier ist der ganze Mensch und das ganze Leben gefordert. Sollen Fußballspieler wirklich von ihren Frauen zu Meisterschaften begleitet werden? Das ist sehr bedenklich, weil ja mit der Weltmeisterschaft das ganze Leben in den Dienst einer Sache gestellt werden soll. Ohne Heiligung rückt die Nationalmannschaft und der Weltmeister-Cup in weite Ferne!

Für manche wäre es vielleicht besser, wenn der Ball nicht immer so rund wäre, weil sie dann der Begegnung mit dem Heiligen besser gewachsen wären oder erst gar nichts damit zu tun hätten. Schon der legendäre Hans »Buffy« Ettmaier bemerkte vor längerer Zeit: »Für die meisten Bundesliga-Profis wäre es besser, der Ball wäre ein Würfel. Dann würde er nicht so weit wegspringen«.

Henning
Schröer

Richtlinien
für Linienrichter*

Vorbemerkung

Der im Folgenden mitgeteilte Text ist authentisch, was immer das heißen mag. Er ist eine Fundsache von hoher Bedeutung. Ob er aufgefunden oder erfunden wurde, scheint mir zweitrangig. Hauptsache ist, daß er praktisch für gut befunden wird. Daß dies geschieht, daran habe ich keine Zweifel. Man wird sogar feststellen, daß er doppelt so gut ist, ohne der fatalen Idee einer doppelten Wahrheit Vorschub zu leisten.

Wie jeder Kundige feststellen wird – möge doch jeder auch kundig werden in unkundiger Zeit – hat dieser Text einen doppelten »Sitz im Leben«, wie die Gelehrten sagen: er entstammt sowohl der Welt des Fußballspiels, wahrscheinlich aus Lehrgängen für Linienrichter, als auch – und das ist nur für Leute mit Scheuklappen unverständlich – der Lebenswelt einer christlichen Gemeinde, vermutlich bei Trainingslagern für Gemeindeaufbau und -leitung nicht ohne Nutzen verwendet. So gesehen ist er in der Tat – diese Tatsachenentscheidung kann nicht revidiert werden – ein Gleichnis. In der

---

* Gegen den neumodischen Aufstieg und sprachlichen Abfall des Linienrichters zum »Schiedsrichterassistenten« wird hier an der altehrwürdigen Sprachtradition des »Linienrichters« festgehalten.

Kunstgeschichte würde man mit Hinweis auf Bilder von Caravaggio sagen: er ist eine Realallegorie. Wer mit Franz Kafka weit und tief denken will, mag an seine Erzählung »Von den Gleichnissen« denken, wo es um die Frage geht, ob man selbst Gleichnis werden könne. Das würde in unserem Fall bedeuten, daß die Richtlinie selbst Linienrichter würde und auch umgekehrt der Linienrichter oder die Linienrichterin – der aufgefundene Text nimmt auf diese angenehme Neuerung noch nicht Rücksicht, sondern schließt wie das biblische »Brüder« die »Schwestern« mit ein – Richtlinie würde.

Nur weniger Eingeweihte brauchen den Hinweis, daß dem folgenden Text die Formel vorangestellt werden könnte: »Mit dem Folgenden verhält es sich sowohl wie im Fußballspiel als auch bei der Leitung einer Gemeinde, eben darin aber wie mit der Gerechtigkeit, wenn sie freundlich, aber entschieden daherkommt, mitten in unsere Welt.« Daß das Wort »Gott« nicht vorkommt, darf niemanden verwundern, der sich noch darüber wundern kann, daß Gott immer verborgen im Spiel ist, menschlich aber durchaus ansprechbar, solange das Spiel noch läuft.

Hier nun der keineswegs unerfindliche Text:

IURA LINEAE AD LINEAE IUDICES:
NULLUM IUS SINE LINEA!*

---

* Diese lateinische Überschrift geht nicht auf römischen Einfluß zurück. Frei übersetzt lautet sie: Richtlinien für Linienrichter: ohne Rechthaberei kein Nullsummenspiel.

Der Linienrichter und die Richtlinien

Von den Linienrichtern ist aber vor allem zu erwarten, daß sie die Richtlinien der Leitung genau kennen und in der Anwendung für linientreu befunden werden. Denn ein Linienrichter ohne Richtlinien ist nichts, aber auch die Richtlinien ohne Linienrichter sind nichts.

Der Linienrichter hat wesentlichen Anteil an der Leitung, auch wenn er nicht die Hauptleitung hat. Mit dem Schiedsrichter bilden die Linienrichter, immer zu zweit ausgesandt (manchmal wie Schafe unter die Wölfe), ein Leitungsteam. Fehlt ihnen auch die Berufung für die Hauptleitung gemäß der Ansetzung des Spiels, so müssen und können sie doch im Notfall die Hauptleitung übernehmen. Es gibt also ein allgemeines Schiedsrichtertum, das jedoch eine kollegiale Aufteilung der verschiedenen Ämter nicht ausschließt. Auch der Schiedsrichter kann wiederum von einem höheren Schiedsrichter beobachtet werden, so daß er sozusagen in einem höheren Sinn auch nicht mehr ist als Linienrichter über die Richtlinien des Spiels. Wir sind alle Linienrichter und haben den obersten Schiedsrichter in unserem Gewissen. Jeder sei sich stets seiner Verantwortung bewußt, und keiner herrsche über die andern, sondern diene den Richtlinien zur Förderung des Ganzen.

Der Dienst der Leitung

Vergiß nicht, daß die Richtlinien dem Spiel dienen sollen. Das Amt der Leitung ist Dienst. Die Richtlinie ist um des Spieles willen da und nicht das Spiel um der Richtlinie willen. Strebe nach der besseren Regelwerkgerechtigkeit. Achte darauf, daß jede Linienüberschreitung gewissenhaft wahrgenommen wird. Wozu hast du deine Fahne? Nicht um mit ihr unsicher oder stolzierend zu wedeln, sondern um deutlich Flagge zu zeigen: Aus ist Aus, und drin ist drin. Man muß von der genauen Wahrnehmung der Linien zu der Wahrheit der Richtlinien fortschreiten. Alle Richtlinien bauen sich auf Linienkenntnis auf. Erfasse augenblicklich die Lage, sei auf der Höhe des Spiels, sonst gleitet dir die Leitung aus der Hand. Sei also gradlinig in deinem Dienst, genau, aber nicht kleinlich. Fühle dich in deiner Randrolle voll beteiligt.

Spezifische Verantwortung

Wisse, daß du von großer Bedeutung bist, auch wenn deine Arbeit nicht in der Mitte geschieht. Du bist ein lebendiges Zeichen dafür, daß bei aller Achtung der Grenzen der Raum voll ausgenutzt werden kann, um zum Ziel zu kommen. Das wahre Spiel wird erst rund, wenn man um seine Ecken und Kanten weiß. Was die Weisen als Quadratur des Kreises anstrebten, du kannst es vollbringen, indem du scharf auf die Ecken achtest. Manche Ecke hat schon ein ganzes Spiel entschieden. Auch die Torlinie, nicht nur die Seitenlinie sollst du im Auge haben. Gerade bei den Toren droht die Torheit besonders. Eine ganze Welt(meisterschaft) kann davon abhängen, wie die Geschichte beweist. Das Netzwerk muß bei jeder Leitung in Ordnung sein, auch du sollst es überprüfen.

Immer wieder gibt es Einwürfe. Sie sind nicht gegen das Spiel gerichtet, sondern sollen dem schnellen Fortgang dienen. Sorge dafür, daß sie korrekt ausgeführt werden und nicht die Spielverzögerung unterstützen. Abseits gibt es bei ihnen nicht, was manchen überraschen mag. Aber das eben belebt das Spiel und zeigt, daß nicht ein spieltötendes Gesetz, sondern die gute Botschaft: »Erst bei 90 ist normalerweise Schluß!«, Gültigkeit hat. Selbst in der Theologie hat der Begriff »Einwürfe« publizistisch Eingang gefunden.*

Verhältnis zu den Zuschauern und Außenstehenden

Wem ein Amt gegeben wird, der bleibt von Kritik nicht verschont. Du hast in deinem Amt einen Öffentlichkeitsauftrag, freue dich darüber und laß dich durch Zuschauerrufe, die nach Telekommunikation verlangen (»Linienrichter, Telefon!« oder ähnlich), nicht beirren. Mitten in allen Pfiffen mußt du den Pfiff des Schiedsrichters davon unterscheiden können, obwohl du selbst nicht pfeifst. Pfeife nicht auf den wahren Pfiff des Spiels. Bleibe ein guter Zeuge und laß dich auch von Presse nicht erpressen. Man kann auch hier nur sagen: Du mußt deine Linie wahren. Schlimm ist es, wenn die Leitung selber die Linie verliert.

Spieldauer

Alles hat seine Zeit, auch ein Fußballspiel. Du bist nur auf Zeit gewählt, nicht für die Ewigkeit. Du mußt sogar wissen, wann Halbzeit ist. Halbzeit ist nötig wegen der Pause zur Erholung und zur Beratung. Nutze die Zeit

---

* Es war natürlich der Kaiser-Verlag, der diese Reihe in den 80er Jahren herausgab. Was daraus in Zukunft wird, »schaun mer mal!«

zwischen den Halbzeiten. Vergiß nicht den Uhrenvergleich, denn mancherorts gehen die Uhren anders, und es wird auch manchmal Zeit geschunden. Sei jederzeit uhrig, Linienrichter, ohne urig zu werden. Nach dem Spiel beachte, daß es auch andere Spiele im Leben gibt, wo du nicht Linienrichter sein mußt. Doch sollte Fairneß überall gelten, und du kannst dazu beitragen, daß versteckte Fouls erkannt werden, denn du hast sicher einen Blick dafür gewonnen. Ist das ganze Leben nicht ein schönes Spiel, wenn wir fair miteinander umgehen?

Auswechslungen

Es ist erlaubt, im gewissen Maße zur Verbesserung des Spielaufbaus, neue Leute einzuwechseln. Hier hast du besondere Verantwortung. Manchmal scheint der Schiedsrichter die Signale nicht rechtzeitig zu sehen, manchmal sind zu viele auf dem Feld, manch einer entkommt mit falschen Schuhen. Man muß bei jeder Leitung die Bank im Auge haben, ob alles in Ordnung ist mit dem Wechselkurs.

Anerkennung

In der Zeit der Krise ehrenamtlichen Handelns solltest du nicht verzagen. Die wahre Anerkennung deiner Mitwirkung bei der Leitung liegt in dem Gelingen des Spiels selbst. Mit deinem Auftreten und Eintreten für die Gerechtigkeit zeigst du: nicht Unordnung soll herrschen, sondern der Friede soll kommen, der fröhliche waffenlose Frieden des Spiels, durch das wir spielend lernen, daß jeder im anderen eine Hilfe haben kann. Bedenke, daß selbst Goethe einen Eckermann nötig hatte und nicht einen Meckermann. Sehet die Linien auf dem Felde und lernet von ihnen: der Ernst des Spiels liegt in der Freude, die es bringt. Wer vom Spiel etwas versteht, ist nicht Herr über den Glauben an das Spiel, sondern in seinem Amt Mitgehilfe zur Freude daran, wie schon die Bibel weiß (2. Korinther 1, 24).

THOMAS
SCHLEIFF

Das dritte Tor

Noch heute ist der Fall umstritten …
Ich spreche hier vom Tor, dem dritten.
War einst bei Englands Cupgewinn
der Ball ganz im Gehäuse drin?

»Hat er die Linie überschritten?«
streiten die Deutschen mit den Briten.
Das Spiel ist nun schon längst zu Ende,
doch jenes Tor – es ist Legende.

Noch Jahre nach dem Sieggehupe
betrachtet man die Zeit per Lupe.
Im Schneckentempo läuft sie ab:
War er nun drin? Wenn ja, dann knapp.

Doch sehen selbst die alten Streiter
die Frage mittlerweile heiter –:
Wir nehmen mit der Zeit gelassen,
was wir erreichen und verpassen.

Man liegt sich nun, nach dreißig Jahren,
darüber nicht mehr in den Haaren
und redet übers dritte Tor
mit einem Anflug von Humor.

E.

Der Fußball
auf
der Kanzel

Die Predigt
des Stefan Effenberg
in der Pfarrkirche
Sankt Franziskus

Mönchengladbach. Am Schluß war sich auch Pfarrer Klaus Hurtz nicht mehr sicher, welcher Eindruck dieses Abends ihm denn am nachhaltigsten bleiben werde. Das erfreuliche Erlebnis seiner überfüllten Pfarrkirche Sankt Franziskus zu Mönchengladbach-Rheydt, deren 400 Sitzplätze erstmals nicht dem Andrang genügten? Die »sehr persönliche, echte und identische« Rede seines Gastes? Oder überdeckte alles die allzu stürmische Flut des öffentlichen Rummels, die da über die Gemeinde geschwappt war? Ehe der Gottesmann endlich die Tür seines Pfarrbüros schließen konnte, entfuhr ihm dies: »Nie mehr Fußballspieler.«

Das hatte er nicht so gemeint. Denn der Referent des Abends, der Mönchengladbacher Profi Stefan Effenberg, war doch durchaus dem Anlaß gemäß aufgetreten. Auch hatte den Rahmen kaum gestört, daß einige Dutzend ortsfremde Gäste im Gotteshaus die Stehplätze bevorzugten. Nur hatte der Pfarrer bei aller Sympathie für Mode und Zeitgeist nicht erwartet, daß Kamerateams die Sakristei stürmten und ihn noch lange nach getaner Arbeit bedrängten. Das Flutlicht über dieser Abendvesper hatte den Maßstab seiner populären Glaubensreihe gesprengt, in der er »kompetenten Persönlichkeiten« Gelegenheit gibt, über ihren Glauben und zum Thema »Unglaubliche Nähe« zu reden. Thüringens Ministerpräsident Bernhard Vogel war schon da, ebenso die Heidelberger Schriftstellerin Eva Zeller. Tags zuvor hatte der Mönchengladbacher Künstler Heinz Mack, wie einst Matisse, für sich in Anspruch genommen, daß sich im künstlerischen Schöpfungsakt die unglaubliche Nähe zu Gott verwirkliche. Und nun also der Protestant Stefan Effenberg, der Hurtz in einem Interview aufgefallen war und diesem spontan zugesagt habe.

»Vor Gott sind wir alle gleich«, wiederholte der Pfarrer vorsichtshalber. Aber dennoch: Was hat uns der Fußballprofi zu sagen, über verschossene Elfmeter oder Fehlpässe hinaus – von anderen Verfehlungen auf dem Spielfeld ganz zu schweigen? Wie spürt er neben dem Rasen dem nach, was Hurtz »Kairos-Punkte des Lebens«, also Augenblicke der Entscheidung, nennt? Der Berufskicker tut dies offensichtlich so wie die meisten Fußballfreunde und Normalbürger, deren besondere Augenblicke dem eher Alltäglichen entspringen. »Für unsere Kinder sei du die Zukunft«, diese Anrufung aus der »Litanei von der Gegenwart Gottes« wählte sich Effenberg zum Thema, denn das betreffe ihn, den Vater zweier Kinder tagtäglich selbst, »es betrifft uns alle«. Darüber spreche er immer mit Freunden und Bekannten. Zudem sehe er sich als Vorbild, nicht nur für die eigenen Sprößlinge, für die er sein Leben umgestellt und Verantwortung übernommen habe. Da sei es »vielleicht nicht unwichtig«, daß seine Ansicht jetzt einmal nach außen dringe. Wobei er hoffe, »daß ich es besser rüberbringen kann als am Freitag«, als nämlich seine Borussia mit seiner tätigen Hilfe dem Hamburger SV unterlag.

Auf der Kanzel bewies er die Form, mit der er sein Tagwerk normalerweise angeht: gradlinig, ehrlich, klar, schnörkellos, zwar nicht in Halbzeiten aufgeteilt, aber doch sorgsam in Einleitung, Hauptteil, Schluß. So erfährt man beim Zuhören allerlei. Nicht der Geldvermehrung, sondern dem Nachwuchs widme er die Freizeit. Gleichwohl lassen sich Beruf und Familie kaum trennen. »Spielt der Papa schlecht, werden auch sie kritisiert, spielt der Papa gut, werden auch sie hofiert.« Er spricht von der eigenen Kindheit und von Gleichberechtigung, und er schließt mit einem Wort des indischen Philosophen Rabindranath Tagore: »Jedes Kind gibt uns die Hoffnung, daß Gott sein Vertrauen auf uns noch nicht verloren hat.«

»Es gehört unendlich viel Mut dazu, sich hier vorne hinzustellen und so etwas von seinem Leben preiszugeben«, sagte Pfarrer Hurtz. So passe der Beitrag in die Reihe, die sich auch gegen Schubladendenken richte. Kurz verdribbelt er sich mit dem Hinweis auf Stefanus, »der zum ersten Märtyrer wurde, weil er uns seine Überzeugung sagte und daran festhielt«. Diese Zeiten sind vorüber bei Effenberg, selbst bei noch so deutlichen Fingerzeigen. Und schließlich, so hat Hurtz als »stolzer Besitzer einer Dauerkarte fürs Bökelbergstadion« selbst erkannt: »Keiner von uns kann die Hand ins Feuer legen, daß er nicht in bestimmten Situationen ähnlich reagieren würde.« Aber Effenberg sei gereift.

Da bleibt eigentlich nur noch eine Frage, die der erschöpfte Hurtz auch noch beantwortet. Bundestrainer Berti Vogts habe er schon eingeladen, bestätigt der Pfarrer. Doch der habe aus Termingründen abgesagt. »Aber was nicht ist, kann ja noch werden.« So gesehen endete der Abend unentschieden.

Aus: Frankfurter Allgemeine Zeitung vom 22. November 1995.

STEFAN
EFFENBERG

Gottes
Gabe

Für unsere Kinder sei Du die Zukunft

Warum habe ich diesen Anruf aus der Gegenwart-Got-
tes-Litanei gewählt? Ich habe selber zwei Kinder, und
wenn man mit Freunden und Bekannten zusammensitzt,
sind Kinder immer ein Thema, über das man reden kann
und muß. Dann vertritt jeder seine Meinung und es wird
immer ganz persönlich, eben weil jeder von uns selbst
einmal Kind war und die Kindheit zur wichtigsten und
schönsten Zeit des Lebens gehört. Kinder wollen in all'
ihren Nöten und Freuden, Ängsten und Hoffnungen
ernstgenommen und wahrgenommen, akzeptiert und re-
spektiert werden. Darüber möchte ich einiges sagen, so
wie ich es ganz persönlich sehe.

Erfahrung der eigenen Kindheit

Wir waren nicht reich, doch das war für mich als Kind
auch nicht wichtig, denn Liebe, Geborgenheit, Wärme
und Sicherheit waren viel wichtiger als Geschenke oder
gar Geld. Und dies durfte ich als Kind tagtäglich erleben
und erfahren, und genau dies sollte man seinen eigenen
Kindern auch täglich schenken und zeigen.

Erfahrung als Vater

Bei der Geburt meines Sohnes vor fünfeinhalb Jahren war ich im Kreißsaal dabei. Es war das schönste und aufregendste Erlebnis, das ich je hatte – und ich habe schon sehr vieles erlebt und vieles gesehen auf dieser Welt. Aber die Geburt meines Sohnes war für mich wirklich eine tiefe und wichtige Erfahrung. Ich mußte zwar mein Leben umstellen, mußte Verantwortung übernehmen, aber genau dies wollte ich ja. Ich bin sehr froh und auch stolz, daß ich nun miterleben kann, wie unsere Kinder heranwachsen, wie sie lernen, ihre Probleme zu bewältigen und immer mehr ihr eigenes Leben leben. Dabei wissen sie, ich werde ihnen immer helfen und beistehen. Kinder sind wirklich ein Geschenk Gottes.

Erfahrung in der Gesellschaft

Meine Tochter Nastassja (zehn Jahre) und mein Sohn Etienne (fünf Jahre) wachsen in unserer Gesellschaft auf. Es ist nicht leicht für sie, denn sie werden immer als die »Kinder Effenbergs« gesehen. Spielt der Papa schlecht, werden sie kritisiert – spielt der Papa gut, werden sie hofiert. Dies ist grundsätzlich falsch, denn sie sollen und müssen als Kinder gesehen und behandelt werden. Man darf eben keine Unterschiede machen zwischen arm und reich, klug oder dumm. Gleichbehandlung ist sehr wichtig für jedes Kind. Es darf – im großen einer Gemeinschaft, wie im kleinen der Familie – weder bevorzugt, aber erst recht nicht benachteiligt werden.

74

Was sollte man daher den Kindern für ihre Kindheit schenken? Geld? Nein! Geschenke oder Spiele? Sicher nicht! Wichtig sind allein Geborgenheit und Liebe, Vertrauen und Sicherheit, Geduld und Verständnis. Dies braucht jedes Kind und dies kann jeder geben, jeder! Durch meinen Beruf habe ich oft sehr wenig Zeit und bin oft unterwegs. Doch meine verbleibende, freie Zeit nutze ich nicht für Autogrammstunden oder Interviews, um Geld zu verdienen, sondern ich verzichte gerne darauf, um mich mit meinen Kindern zu beschäftigen. Denn sich Zeit nehmen für die Kinder, mit ihnen über Probleme und Erlebnisse zu reden, ihnen damit zeigen, daß sie wichtig sind für uns, das ist mir wichtiger als alles Geld.

Oft wird vergessen, daß Kinder noch viel lernen müssen, und so muß man als Vater oder Mutter, Opa oder Oma immer auch verzeihen können, man darf nie nachtragend sein. So lernen die Kinder durch ihre Fehler gleichzeitig, daß sie in ihrer Familie immer angenommen und bejaht sind. Man kann eben seine Kinder nicht so erziehen wie vor vierzig oder fünfzig Jahren. Die Welt hat sich verändert und in dieser veränderten Welt müssen unsere Kinder zurechtkommen. So passen Erziehungsmethoden, die mir von meinen Eltern oder anderen Menschen erzählt und erklärt wurden, einfach nicht mehr in die heutige Zeit. Es ist doch unvorstellbar, daß unsere Kinder in der Schule Stockhiebe bekommen oder zu Hause mit dem Kopf zur Wand in der Ecke stehen müssen, weil sie gestört oder sich schlecht verhalten haben. Solche Formen der Erziehung müssen der Vergangenheit angehören. Wenn man diese Grunddaten der Erziehung beachtet, hat man das Mögliche für eine gute Entwicklung und Erziehung seiner Kinder getan.

Verantwortung

Wir stehen in einer großen Verantwortung gegenüber unseren Kindern, und dazu gehört auch, den Kindern früh genug Eigenverantwortung zu übertragen, damit sie in das Erwachsenwerden hineinwachsen können. Dies muß allerdings ohne Druck und ohne Überforderung geschehen. Was das meint, konnte ich als Kind selbst erfahren. Mir wurde nie eine Verantwortung aufgezwungen, sondern meine Eltern fragten mich: »Fühlst du dich in der Lage, dies zu machen oder das zu tun?« So konnte ich Stück für Stück und Schritt für Schritt in eine immer größer werdende Eigenverantwortung hineingehen.

Ein Wunsch

Wenn unsere Kinder einmal erwachsen sind und auf eigenen Füßen im Leben stehen und sie sagen zu meiner Frau und zu mir: »Wir lieben Euch und sind stolz auf Euch«, dann können wir sagen, das Ziel unserer Erziehung ist erreicht und wir werden alles dafür tun, daß dies so sein wird.

Schließen möchte ich mit einem Zitat des indischen Philosophen Rabindranat Tagore:

> »Jedes Kind gibt uns die Hoffnung,
> daß Gott sein Vertrauen auf den Menschen
> nicht verloren hat«.

Aus: Klaus Hurtz (Hrsg.), Unglaubliche Nähe. Spurensuche nach Gott. © Verlag Friedrich Pustet, Regensburg 1996.

ECKHARD
LANGNER

Predigt zur Konfirmation.
Was ein Fußball
uns zu sagen hat

Es ist wie beim Wein: Jeder Jahrgang hat seinen besonderen Charakter. So auch dieser Konfirmandenjahrgang, wenn Sie so wollen: »Rotter Kabinett 93«. Über die Eigenarten, die besonderen Noten dieses Jahrgangs ließe sich vieles sagen. Es gab Sternstunden im Unterricht, dann wieder große Durchhänger und plötzlich doch ein großes Staunen darüber, wie sechsundzwanzig junge Persönlichkeiten zwischen dreizehn und vierzehn Jahren sich Gedanken über ihr Leben machen, die Frage nach Gut und Böse stellen und was Gott mit allem zu tun hat. Also, ein »Säuerling« ist dieser Jahrgang sicher nicht!

Über eine besondere Eigenschaft dieser Gruppe möchte ich heute sprechen. Dafür habe ich einen etwas ungewöhnlichen Predigttext mitgebracht: einen Fußball!

Der hat nicht nur das Sportprogramm auf unseren Freizeiten bestimmt. So viele aktive Fußballer und Fußballerinnen habe ich noch nicht zusammen gehabt. Fußball war oft das Thema zwischen den Zeilen: Ursache für manches Fernbleiben vom Unterricht. Und daß jemand eher alle Bundesligatrainer aufzählen kann als die Propheten des Alten Testaments, das ist wohl verzeihlich. Klar, daß im Unterricht auch gelegentlich mit gelben und dunkelgelben Karten gearbeitet werden mußte. Einer dieser Aktiven brachte es sogar zum »Mann des Monats« in seinem Verein. Im Vereinsblatt war zu lesen, daß dieser Konfirmand am 6. März nach bestandener Konfirmandenprüfung ohne Pause vom blauen Anzug in den blauen Vereinsdreß sprang, um beim wichtigen Punktspiel dabeizusein! Beispielhafter Einsatz!

Fußball und Konfirmation. Was das im tieferen Sinn miteinander zu tun hat, möchte ich euch Konfirmanden erläutern. Einsichten – nicht nur für Fußballspieler und Jugendliche. Ich verbinde damit meine Wünsche für euch auf eurem Lebensweg. Drei Beobachtungen mache ich an diesem Fußball.

I

Dreiunddreißig Sechsecke aus Leder sind zusammengenäht und bilden zusammen einen Ball. Fehlt eines, dann kannst du noch so zerren und ziehen, es entsteht keine Kugel! Jedes Teil ist wichtig. Nur zusammen bilden sie etwas, übrigens wie im Spiel selbst: Der beste Mittelstürmer ist nichts ohne einen Mittelfeldspieler, der ihm die Vorlagen gibt. Und ohne Torwart braucht das Team gar nicht erst anzutreten! Die Bibel nennt das Gemeinschaft. Verschiedene Begabungen und Talente, jede für sich wertvoll und wichtig, sind an ihrem Platz und wirken zusammen. Auf den Blickkontakt kommt es nicht nur auf dem Fußballfeld an. Teamgeist statt Einzelkämpfertum!

Ich wünsche euch Menschen in eurem Leben, mit denen ihr gute Erfahrungen sammelt. Freunde und Freundinnen, die zu euch halten, auch wenn es kritisch wird, auf die ihr euch verlassen könnt und die nicht nur an eurer Schokoladenseite interessiert sind. Und daß ihr selbst solche Menschen für andere seid! Da muß man rechtzeitig lernen, die Ellenbogen einzufahren und Hände zu reichen. Brücken zu bauen, sich mit anderen zu versöhnen. Gemeinsam ist besser als einsam!

II

Auf meinem Ball ist zu lesen: »Allwetter-beschichtet, entspricht den DFB- und FIFA-Bestimmungen«. Also: Der Einsatz bei Sonne und Regen, bei Schnee und Kunstrasen, auf Asche und in der Halle ist garantiert. Bei allen Bedingungen. Einen Ball, der nach dem ersten Kick seine Farbe verliert oder sich mit Wasser vollsaugt und zur Bleikugel wird, den kann man vergessen.

Ich möchte das übertragen: Es kommt nicht auf die schöne Fassade an. Entscheidend ist die innere Qualität. Ich kann auch sagen: Entscheidend ist, wie du vorbereitet und ausgestattet bist, wenn du dein Leben lebst. In der Bibel lese ich von einer solchen Allwetterbeschichtung. Es ist der Glaube an Jesus Christus. Die vielen Geschichten, die wir von ihm gelesen haben, laufen darin zusammen: Er ermutigt und befähigt Menschen zum Leben. Er geht mit – nicht nur in Zeiten, wo die Sonne scheint! Es geht beim Glauben nicht um Auswendiggelerntes oder ein paar fromme Vokabeln. Es geht um Vertrauen.

Viele Generationen vor uns wurde das in einen Satz gefaßt, der uns im Unterricht immer wieder begegnet ist. Frage und Antwort 1 des Heidelberger Katechismus: Was ist dein einziger Trost im Leben und im Sterben? Die Antwort, zusammengefaßt: Daß ich zu Jesus Christus gehöre! Vertrauen zu Jesus, der's Leben kennt und dich versteht, wie wir vorhin gesungen haben. Das wünsche ich euch.

III

Und ein letztes: Mein Ball hat einen entscheidenden Mangel. Mit dem wäre kein Blumentopf zu gewinnen. Die Luft ist raus! (Demonstrieren, indem der Ball zusammengedrückt wird!) 0,7 bar – das wäre der ideale Luftdruck.

Luft. Nicht auszudenken, wenn ihr so ausgepumpt und abgeschlafft in der Ecke herumhängen würdet und am Ende das Leben verschlaft! Luft muß her. Kraft, Atem, Geist – nennt es die Bibel in ihrer Sprache. Das ist mein dritter Wunsch: Daß Gottes Geist, seine Dynamik und Lebenskraft in euch Gestalt gewinnt.

In Gottes Spuren gehen: Da kommt keine Langeweile auf, wenn ich mich mit anderen zusammen begeistern lasse, Gottes gute Nachricht von Frieden und Gerechtigkeit in unsere Zeit hinein zu sagen und zu leben. Wer über den Tellerrand seines eigenen Lebens hinausschaut, der weiß, daß es in unseren Tagen kaum etwas Nötigeres gibt. Das beschreibt das Lied, das uns in der Konfirmandenzeit von Anfang an begleitet hat: »Mit Gottes gutem Geist auf seinen Wegen gehn, und mit seinem Segen auf den Wegen ein Segen sein!«

Fußball und Konfirmation. Das Spiel beginnt mit dem Anstoß, und wichtig ist, daß du mitmachst.

F.

Der Fußball
in der
Reportage

JOACHIM
STAEDTKE

Reportage
eines ökumenischen Fußballspiels zwischen der katholischen und der evangelischen Theologie aller Zeiten

Meine Damen und Herren!

Ein stahlblauer Himmel wölbt sich über dem *Visser't-Hooft-Stadion* in Genf, das der Schauplatz des ersten ökumenischen Fußballspieles zwischen der katholischen und der evangelischen Theologie ist, und von dem ich Ihnen die letzten 30 Minuten der zweiten Halbzeit übertragen darf. Das Stadion ist ausverkauft, und ca. 60.000 Zuschauer aus allen Jahrhunderten und Erdteilen säumen das Rund. Viel Prominenz aus der Kirchengeschichte ist vertreten. Auf der Ehrentribüne an der Gegengeraden erkenne ich eine Reihe namhafter Päpste, die mit ihren Nikolausmützen ihren Hinterleuten die Sicht versperren. Alexander der Sechste hat seine Lucretia mitgebracht und schäkert da ganz unverschämt in aller Öffentlichkeit herum, sehr zum Mißfallen seiner jüngeren Nachfolger übrigens. Johannes XXIII. vertilgt riesige Mengen von Knackwürsten; der sollte lieber an seinen Kreislauf denken!

Das bunte Treiben hatte übrigens schon vor dem Stadion begonnen, wo am Eingang Schausteller aller Art so etwas wie eine Kerwe aufgezogen haben. In einem Zeitungskiosk verkauft Joachim Jeremias seine *Landkarten von Palästina*. Ernst Käsemann bietet seinen »Haut den Lukas« feil, und Ernst Fuchs hat sein hermeneutisches Liebeskarussell aus Marburg aufgestellt. In seinem stark frequentierten Wettbüro betätigt sich Joachim von Fiore als Wahrsager. Johann Tetzel verkauft Schnellwaschmittel für den geistlichen Stuhlgang. Pestalozzis Kinderkarussell ist übrigens kostenlos. Und Savonarola versucht von seinem Hyde-Park-Corner vergeblich, die Menschen zu überzeugen, dieses schreckliche Treiben zu unterlassen.

Ja, meine Damen und Herren, es ist ein buntes Bild, auch hier im Stadion, und ich kann Ihnen die ganze Prominenz nicht aufzählen. Natürlich ist auch hier im Rund die evangelische Kirche sehr vernehmlich vertreten. Viele Lutheraner, die drüben in dem mondänen Evian unter der biblischen Losung *Gesandt an den Genfer See* ihre Konfessionsolympiade treiben, sind herübergekommen. Wilhelm Löhe, Claus Harms und Hengstenberg schwenken ein riesiges Plakat mit der Aufschrift *Verbum Lutheri manet in aeternum*. Gleich daneben erkenne ich ein Plakat mit dem gereimten Zweireiher: *Realpräsenz, die findt nicht statt, es bleibt doch beim significat*. Das müssen unverbesserliche Zwinglianer sein. Im rechten Rondell hat sich die Bewegung 'Kein anderes Evangelium' formiert, die rufen mit lautstarken Sprechchören immer wieder: *Bultmann, Braun und Sölle, ihr kommt doch in die Hölle*. Auf der gegenüberliegenden Seite hat sich der Münchner Landeskirchenrat versammelt. Was da oben geschieht, kann ich Ihnen nur noch mit Apostelgeschichte 19,34 kommentieren: *und sie schrien bei zween Stunden: Groß ist die Bayerische Landeskirche*. Auch die Opposition fehlt nicht. Gottfried Arnold hat ein sogenanntes *unparteiisches Transparent* aufgezogen, mit dem er überhaupt die Legitimität dieses Treffens bestreitet, weil der linke Flügel der Reformation für die evangelische Mannschaftsaufstellung nicht ausreichend berücksichtigt wurde.

Die Theologie der Revolution unter Führung von Harvey Cox und Richard Shaull fordert eine Veränderung der Spielregeln und eine Umfunktionierung der Zuschauertribünen, die sie, da es gute und schlechte Sitzplätze gibt, für undemokratisch halten. Die Revolutionstheologen haben übrigens das ganze Stadion mit einer Flut von pamphletartigen Flugblättern überschwemmt, und Immanuel Kant hat mir noch kurz vor dem Spiel gesagt, daß nach seiner Meinung bei den Revolutionären das Problem von Raum und Zeit in das von Räumung und Zeitung transzendiert worden sei.

Auf der gegenüberliegenden Seite erkenne ich Athanasius, der für die katholische Mannschaftsaufstellung auf der Reservebank sitzt, und der sich schon seit zwei Stunden mit einer Gruppe von Arianern über das homoousios herumstreitet.

Es hat auch häßliche Szenen hier im Stadion gegeben: Eine Gruppe von Monophysiten und Nestorianern hat sich in einem Handgemenge mit Coca-Cola-Flaschen beworfen. Irgendwelche obskuren Gnostiker haben die acht schön ausgebreiteten Teppiche des Clemens von Alexandrien in übler Weise zugerichtet. Katharina von Medici wollte ihre Bluthunde auf eine Gruppe von Hugenotten loshetzen, was aber durch Stadionordner unter Führung von Gustav Adolf und Wilhelm von Oranien verhindert wurde.

Thomas Müntzer protestiert immer noch wider das geistlose, *sanftlebende Fleisch zu Wittenberg*, und John Knox posaunt auch hier seine ersten Trompetenstöße wider das ungeheuerliche Weiberregiment in Schottland, was aber Maria Stuart überhaupt nicht stört. Die schäkert da oben mit ihren diversen Geliebten herum. Ja, es ist ein buntes Bild. Goethe liegt auf seinem west-östlichen Diwan und rezitiert venezianische Epigramme. Schiller, der übrigens eine Ballade über diesen Kampf der Wagen und Gesänge schreiben will, hat sich auf der Kerwe noch schnell eine Kiste fauler Äpfel besorgt.

Ruhig in diesem tobenden Kessel sind eigentlich nur die Mystiker und Pietisten. Meister Eckehardt, Tauler, Seuse, Spener und Francke sind in frommer

Andacht versunken und meditieren still vor sich hin. Unten schenkt Katharina von Bora Einbecker Bier aus, und neben mir erzählt Grimmelshausen schmutzige Witze aus dem Dreißigjährigen Krieg. Es ist ein buntes Bild, und sie sind alle gekommen zu diesem großen Fußballfest.

Meine Damen und Herren, bevor ich Ihnen die Mannschaftsaufstellung nenne und den Spielverlauf selbst schildere, muß ich noch erwähnen, daß es eine monatelange Auseinandersetzung um die Person des Schiedsrichters gegeben hat. Wer sollte dieses große Spiel leiten?

Die evangelische Seite hatte zunächst Lessing vorgeschlagen, aber seine Person stieß bei den Katholiken auf Widerstand. Lessing sitzt jetzt übrigens auf der Ehrentribüne und diskutiert mit dem Hauptpastor Goeze über *Hamburgische Dramaturgie und Orthodoxie*. Die Katholiken ihrerseits kamen dann auf die etwas merkwürdige Idee, Voltaire in Vorschlag zu bringen, was wiederum den Protestanten nicht behagte. Zwischendurch hatte Gottfried Arnold im Verein mit der Theologie der Revolution in der Presse kategorisch verlangt, daß Ludwig Feuerbach oder Karl Marx das Spiel leiten sollten, aber diese Projektionen stießen bei beiden Parteien auf Ablehnung. Nach langem Hin und Her einigte man sich schließlich auf Erasmus von Rotterdam, der dann auch nach langem, langem Zögern und Zieren, wie man das ja bei ihm kennt, zugesagt hat. Meine Damen und Herren, das Spiel ist bereits 60 Minuten in Gang und es steht immer noch 0:0 unentschieden. Ich will Ihnen jetzt zunächst die Mannschaftsaufstellung nennen, und da ich selbst evangelisch bin, haben die Katholiken den Vorrang.

Die Katholiken spielen mit Papst Innozenz III. von Sportivo Laterano Rom im Tor. Mit Tertullian vom 1. FC Karthago in der linken Verteidigung, mit Irenäus von Apologeticum Lyon in der rechten Abwehrposition. Der rechte Aufbauläufer, und diese Nominierung hat eigentlich die Fachwelt etwas überrascht, ist Papst Paul VI, vom 2. FC Vaticano Rom.

Der Mittelläufer, der zugleich Libero spielt, und die Aufgabe hat, die evangelische Sturmspitze zu decken, ist Augustin von Civitas Hippo Regius, ein Mann, der auch von evangelischer Seite als einer der stärksten Spieler eingeschätzt wurde, was sich in den ersten 60 Minuten durchaus bestätigt hat. Als linker Mittelfeldspieler ist Karl Rahner vom 1. FC Innsbruck postiert, und mit ihm hat in der katholischen Mannschaft der revolutionäre Nachwuchs eine Chance bekommen.

Die größte Überraschung bedeutete die Postierung des katholischen Rechtsaußen. Hier stürmt der junge Duns Scotus aus Oxford. Sie wissen, meine Damen und Herren, aus Heussis Kompendium der Kickergeschichte, daß der von den Thomisten beherrschte katholische Fußballverband Scotus wegen *voluntaristischer* Spielweise gesperrt hat. Gewiß ist der Doctor subtilis nicht als Sturmspitze gedacht, was sich bisher auch im Spielverlauf bestätigt hat, aber die Katholiken wollten bei diesem wichtigen Spiel eben doch nicht auf die unnachahmlichen *spätscholastischen* Dribbelkünste dieses Virtuosen verzichten.

In der halbrechten Position stürmt Anselm von Ontologia Canterbury, dessen *spekulative* Begabung und *dialektische* Schärfe die konzentrierte evangelische Abwehr überbrücken soll. Absolute Sturmspitze bei den Katholiken ist natürlich Thomas von Aquin von Scholasticon Paris. In der halblinken Position Gabriel Biel von Collectorium Tübingen und als Linksaußen, ganz deutlich mit Thomas zusammen als Doppelsturmspitze gedacht, Ignatius von Loyola von der Conterreformatio Madrid, der allerdings jetzt für Sportivo Laterano Rom spielt. Das ist die katholische Mannschaftsaufstellung.

Und jetzt, meine Damen und Herren, nenne ich Ihnen die evangelische Mannschaft. Die Protestanten spielen mit Friedrich Schleiermacher von Idealismus Berlin im Tor. In der linken Verteidigung, und diese Nominierung hat auch überrascht, mit Emil Brunner von Ratio Zürich. In der rechten Abwehrposition steht Johann Quenstedt von Justificatio Wittenberg, ein harter Abwehrspieler, wie sich bisher gezeigt hat. Im linken Mittelfeld als Aufbauspieler Nikolaus Zinzendorf von der Kikkerunität Herrnhut, und der rechte Mittelfeldspieler ist Philipp Melanchthon von Justificatio Wittenberg. In der Mitte, d. h. als Libero und Doppelstopper mit der speziellen Aufgabe betraut, die katholische Sturmspitze Thomas von Aquin messerscharf zu decken und gleichzeitig den Ausputzer vor dem protestantischen Tor zu machen, spielt Johannes Calvin von Praedestinatio Geneva. Er ist übrigens der einzige, der hier im Visser't-Hooft-Stadion so etwas wie ein Heimspiel bestreitet.

Meine Damen und Herren, es hat in den ersten 60 Minuten herrliche Duelle zwischen Thomas und Calvin gegeben. Das waren virtuose Spielzüge im Stile der *Via antiqua*. Und schließlich der evangelische Sturm! Die Protestanten stürmen auf Rechtsaußen, und diese Aufstellung war nie zweifelhaft, mit Karl Barth von Offenbarung Basel. In der halbrechten Position steht Huldrych Zwingli von Ratio Zürich. Die eigentliche Sturmspitze bei den Protestanten natürlich als Mittelstürmer Martin Luther von Justificatio Wittenberg, der als evangelischer Bomber unentbehrlich ist. In der halblinken Position stürmt Rudolf Bultmann von der 1. Existenz Marburg und ganz links außen Herbert Braun von der anthropologischen Spielvereinigung Mainz. Das ist die evangelische Mannschaft. Die beiden Trainer haben sich geeinigt, daß je ein Feldspieler ausgewechselt werden darf, aber bisher noch keinen Gebrauch davon gemacht.

Und nun zum Spielgeschehen selbst, meine Damen und Herren. Im Mittelfeld hat gerade Erasmus einen Freistoß für die Protestanten angepfiffen. Luther stößt an, auf den rechten Flügel zu Barth, Barth dribbelt, versucht in einem *unendlich qualitativen Unterschied* durchzukommen, Anselm ist da und versucht, Barth *ontologisch* zu stoppen. Duns Scotus dazwischen als lachender Dritter und angelt sich den Ball, dribbelt an der spätscholastischen Außenlinie, müßte jetzt Thomas anspielen, der sich in *aristotelischer Entelechie* freigespielt hat. Das tut er nicht, die beiden verstehen sich überhaupt sehr schlecht, man erkennt sehr deutlich, daß der leidige *Universalienstreit* eine differierende Spielweise dieser beiden Stürmer mitbestimmt. Duns Scotus versucht auf rechts allein durchzukommen, ist schon am evangelischen Strafraum, gefährliche Situation, der Duns hat ja völlige *Willensfreiheit* vor dem Tor, und jetzt ist Quenstedt dazwischen und klärt. Ja, wie der Quenstedt das gemacht hat, dieses *sliding tackling* war eisenharte *Orthodoxie*, an der selbst dieser virtuose Scholastiker scheitern mußte.

Quenstedt will abspielen, ja, zu wem? Natürlich zu Luther, zu wem denn sonst? Luther am Mittelkreis, über die Mittellinie, umspielt Thomas mit einem *occamistischen* Trick, Rahner zögert, Paul VI. macht einen hilflosen Versuch, und jetzt ist Augustin da, der versucht es mit einem alten *manichäischen* Trick, aber Augustin, das hast du doch nicht mehr nötig, es ist doch klar, daß Luther diese *dualistische* Spielweise durchschaut. Luther am katholischen Strafraum, will Zwingli anspielen, der steht nicht frei, weil er von Tertullian *montanistisch* abgedeckt ist. Luther zu Bultmann, der sich aus der Verfügbarkeit des Irenäus freigespielt hat und jetzt in seiner *Eigentlichkeit die Betroffenheit* durch Luther ausnutzt. Aber Rahner ist da und stoppt mit einem geradezu *kosmologischen* Spielzug Bultmanns *Selbstverständnis*, verliert aber den Ball. Braun prescht heran, und gibt in seiner *existentiellen Verwirrung* eine gewaltige, aber theologisch völlig unkontrollierte Flanke hoch vor das katholische Tor, und Innozenz fängt dieses *mitmenschliche* Manöver mit einem wunderschönen *Transzendental*sprung aus der Luft sicher auf.

Ja, das müßte Braun wissen, mit so hohen Bällen, die bis in den theistischen Himmel reichen, sind die katholischen Metaphysiker in der Abwehr nicht zu schlagen. Abschlag vom katholischen Tor. Auf den linken Flügel. Und jetzt kommt die Gegenreformation, ich meine, der Gegenangriff. Ignatius an der Außenlinie, hat Barth umspielt, natürlich, *hermeneutisches Mißverständnis*, wie so oft bei Barth, jetzt kommt Melanchthon, aber dessen *Locimethode* ist viel zu durchsichtig, mit Gemeinplätzen ist bei Ignatius nichts zu machen. Loyola, immer noch frei, jetzt Emil Brunner, schwach, schwach, *Wahrheit als Begegnung* findet nicht statt, Ignatius immer noch frei, ja, das sind Bilderbuchexerzitien aus der *Societas Jesu*. Thomas ist mitgelaufen, und jetzt müßte eigentlich die Flanke kommen. Nein, Spener versucht sich noch an Ignatius, aber das sind *pia desideria*, und jetzt flankt Ignatius auf Thomas, wunderschön, aber Calvin ist dazwischen, er hat die gegenreformatorischen Spielzüge durchschaut.

Sie wissen ja, meine Damen und Herren, daß Calvin und Ignatius von Loyola in ihrer Jugendzeit in Paris in demselben Verein gespielt haben. Aber Calvin wird jetzt von Gabriel Biel hart bedrängt, und er zieht eine Notbremse und gibt aus dem Getümmel eine gefährliche Rückgabe auf das evangelische Tor zu Schleiermacher. Da hat sich der Genfer auf seine Praedestination verlassen und Schleiermacher muß sich gewaltig strecken, fängt aber den Ball mit der unmittelbaren Reaktion seines *schlechthinnigen Abhängigkeitsgefühles* sicher auf. Eine herrliche Parade des evangelischen Schlußmannes, das war Sinn und Geschmack für das *Unendliche*. Schleiermacher stößt ab, in seinem *frommen Selbstbewußtsein* wie immer auf den linken, *anthropologischen* Flügel. Der Ball sollte zu Braun kommen, aber das Mainzelmännchen konnte im Augenblick das *Woher seines Umgetriebenseins* nicht verifizieren. Der Ball landet bei Gabriel Biel. Biel zu Anselm, Anselm dribbelt in *dialektischer* Manier, ein herrliches *Mo-*

nologion, wird jetzt von Barth angegriffen, aber Barth miß-
versteht ihn völlig, er hatte gemeint, Anselm ginge über
den rechten Flügel des *Offenbarungspositivismus*, aber dieser Glaube hatte den Verstand nicht bei sich, *fides quaerens
intellectum*. Anselm geht in die Mitte, wird aber dort von
Melanchthon und Quenstedt eingekreist. Anselm gibt zurück zu Paul VI., ja, der Ball sollte dahin kommen, aber
Paul VI. war mal wieder nicht auf der Höhe seiner Zeit,
wahrscheinlich dachte er wieder über die Pille nach, jedenfalls rennt der Pillenpaul mit hängender Zunge hinter
dem Ball her. Der Ball geht ins Aus. Melanchthon wirft
ein. Wer bietet seine *beneficia* an? Zwingli zu Luther, Luther dribbelt durch, am Strafraum ein herrlicher Paß in
die halbrechte Position. Oh, oh, jetzt ein großes Mißverständnis zwischen Luther und Zwingli, Luther hatte gemeint, Zwingli würde sich halbrechts freilaufen, aber der
Zürcher zog nicht mit. Der Ball geht über die Torauslinie.
Und jetzt gibt es noch eine heftige Diskussion zwischen
den beiden evangelischen Stürmern auf dem Spielfeld.

Luther macht Zwingli anscheinend er-
hebliche Vorwürfe, daß er nicht vor dem katholischen Tor
zum Einschuß auf diese Vorlage präsent war. Zwingli ver-
teidigt sich, daß sein endlicher Leib schließlich nicht überall sein könne. Luther ist böse und meint, daß ein ordentli-
cher Stürmer mit einer anständigen *Ubiquitätslehre* überall
auf dem Fußballfeld präsent sein könne und müsse. Ja, die
sollten sich nicht streiten, das schadet nur der evangelischen Partei. Erasmus kommt dazu und macht beiden
klar, daß mit einer *humanistischen Willensfreiheit* solche
scholastischen Querelen gegenstandslos werden. Innozenz schlägt ab. Der Ball war für Ignatius gedacht, landet
aber bei Bultmann. Bultmann zu Braun, ein wunderbarer
anthropologischer Flachpaß, *horizontal* und *immanent* ge-
schossen, und Braun nimmt in *existentialem Selbstverständnis diese Betroffenheit* von seinem Mitmenschen auf, wird
von Karl Rahner bedrängt, umspielt ihn aber, ist jetzt allein

am Strafraum, gefährlich, gefährlich, die Situation impliziert das Eschaton, und letzte Station ist Irenäus – und Irenäus an Braun. Irenäus meinte bei Braun wohl wieder einen *Gnostiker* vor sich zu haben, aber dieser *apologetischen Methoden* sollte er sich dennoch nicht bedienen. Also Freistoß. Diese Entscheidung von Erasmus ist absolut richtig. 15 m vorm katholischen Tor. Das übliche Theater, die Katholiken gehen nicht 9, 15 m vom evangelischen Ball, das müßten sie doch eigentlich seit dem *Augsburger Religionsfrieden* wissen. Duns Scotus diskutiert noch mit Erasmus, wie er das das ganze Spiel hindurch getan hatte; der zieht sich noch eine Verwarnung zu! Die katholische Mauer formiert sich. Wer führt aus? Offensichtlich Karl Barth. Erasmus gibt den Ball frei. Barth läuft an, schießt auf Luther, Kopfstoß und – Tor! Keine Chance für Innozenz III. Ein herrliches Tor. Luther stand goldrichtig frei und konnte ungehindert einköpfen. Unbegreiflich, warum die Katholiken in solcher Situation den evangelischen Mittelstürmer nicht messerscharf abgedeckt haben! Und jetzt sehe ich auf der Gegengeraden, daß der Eck aus Ingolstadt zum Trainer läuft und lamentiert da sicher. Das wußten wir schon aus der Presse. Eck hatte schon vor dem Spiel in zahlreichen Eingaben den katholischen Fußballverband darauf aufmerksam gemacht, daß die Hauptaufgabe der *apologetischen Abwehr* sein müsse, Luther in energischer Manndeckung abzuschirmen. Offensichtlich sind diese Warnungen in Rom nicht ernst genommen worden.

Anstoß am Mittelkreis. Thomas zu Biel, Biel in *spätscholastischer* Manier zu Ignatius, Ignatius in die Mitte zu Thomas, aber Calvin ist dazwischen, da kommt Thomas mit seiner Via antiqua nicht durch. Dennoch bleiben die Katholiken im Ballbesitz. Duns Scotus will zu Paul VI. abgeben, aber der ist wieder nicht auf dem Posten, eine ausgesprochene Fehlbesetzung, dieser Pillenpaul. Stattdessen hat sich Augustin den Ball geangelt, in einem phantastischen Sololauf durch das Mittelalter und die Reformation kommt Augustin bis an den evangelischen Strafraum. Er flankt jetzt auf Thomas, der mitgelaufen ist, und Thomas schießt. Ja, das war *potentia absoluta*, und Calvin hatte nicht aufgepaßt. Mit einer sagenhaften Parade, in einem schlechthinnigen Hechtsprung ist Schleiermacher niedergefahren zur Sölle, ich meine, in das *Anthropologische* getaucht und hat den Ball sicher.

Ja, und jetzt wechseln die Katholiken aus. Paul VI. muß das Spielfeld verlassen. Eine absolut richtige Entscheidung des Trainers. Wer kommt herein? Ist es Athanasius? Nein, ich sehe, daß sich Wilhelm von Occam vom T.S.V. München 1330 an der scholastischen Außenlinie warmgelaufen hat. Die Entscheidung des Trainers, Occam statt Athanasius einzusetzen, geht ganz sicher auf die begründete Erwartung zurück, daß es allein diesem *Nominalisten* gelingen wird, die *spätoccamistischen* Spielzüge Luthers zu durchschauen und abzustoppen.

Abwurf Schleiermachers nach links, sollte auf Braun kommen, aber Bultmann angelt sich das Leder, zögert, will Ruhe in das Spiel bringen und die Situation *entmythologisieren*, flankt auf Zwingli, mit dem er sich in der Sakramentslehre so gut versteht. Zwingli verlängert den sakramentalen Schuß auf Barth, Barth steht frei, jawohl, Barth hat Freiheit als solche, und rast in einem *trinitarischen Dreischritt* bis in die alte Kirche zu Tertullian. Ein qualifizierter Augenblick als solcher, aber Barth wird bedrängt und Thomas gelingt es, mit einem Spieltrick der *analogia entis den unendlichen qualitativen Unterschied* wieder zu decken. Thomas zu Ignatius, Loyola in einem seiner sagenhaften Sololäufe bis an den evangelischen Strafraum, will flanken, aber die katholischen Stürmer sind nicht so schnell mitgekommen. Anselm unterhält sich noch mit Karl Barth über den *ontologischen Gottesbeweis* und Thomas streitet sich mit Emil Brunner über die *Natürliche Theologie*. Jetzt kommt Biel, Ignatius flankt, abgewehrt von Calvin, aber der Ball springt direkt Thomas vor die Füße, der umspielt Brunner und zielt. Schuß und – Tor! Ja, das war ein *actus purus, ein actus purissimus.* Es kam hinzu, daß Schleiermacher getäuscht worden war. Melanchthon hatte dem Berliner Analytiker mit seiner Locimethode die Sicht versperrt, und so war der Schlußmann genau ins verkehrte Eck gelaufen. Obwohl Quenstedt noch mit einem *metaphysischen* Kopfstoß auf der Linie zu retten versuchte, schlug der Ball unhaltbar unter der Latte ins evangelische Netz ein. Mannschaftskapitän Luther reklamiert Abseits bei Erasmus, aber das glaubt er ja selbst nicht. Na ja, er hat eben auch einen *unfreien Willen,* wofür Erasmus überhaupt kein Verständnis hat.

Ja, und jetzt wechseln auch die Protestanten aus. Emil Brunner muß vom Feld. Auch dies eine richtige Entscheidung. Brunner hatte mit seinem ewigen Schwanken zwischen *Natur und Gnade* krasse Abwehrfehler begangen und gerade mit seinem letzten Fehlpaß, der von der Mystik zum Wort kommen sollte, hat er Schleiermacher schlecht bedient. Wer kommt herein? Auf der Reservebank sehe ich Brunners Vereinskameraden Gerhard Ebeling. Ja, da wird sicher bedeutendes Geschehen zur Sprache kommen. Ebeling kennt *Gesetz und Wirklichkeit in dem radikalen Fragehorizont* dieses Stadions, wenn er auch wegen seiner endlosen Fummeleien in der Wirklichkeit selten zu einem überzeugenden Abschluß kommt.

Nein, meine Damen und Herren, ich habe mich geirrt, es ist gar nicht Gerhard Ebeling, der hereinkommt, sondern Ebelings früherer Vereinskamerad Jürgen Moltmann von der letzten Eschatologie in Tübingen. Der soll hier in diesem Spiel wohl noch die Äonenwende bringen. Ich muß Ihnen ehrlich sagen, meine Damen und Herren, daß ich es für ein Wagnis halte, Moltmann in der linken Abwehrposition spielen zu lassen. Er ist zwar gefürchtet, weil er in einem rasanten Amoklauf alles nach vorn werfen und vor der eschatologischen Torlinie geradezu *apokalyptische Veränderungen antizipieren* kann, aber jedesmal hat er dann hinten seine *christologische* Deckung nicht in Ordnung. Aber ich will jetzt keine Verheißung abgeben, es bleibt beim *Prinzip Hoffnung*, und wir werden sehen, wie Moltmann in diesem großen Konzert seine *utopische Blockflöte* spielen wird.

Noch einmal Anstoß, Luther zu Bultmann, Bultmann in unverfügbarer Eigentlichkeit zu Barth, Barth zurück zu Moltmann, der ganz *Andere* zu dem ganz *Ändernden*, ist das möglich, Barth zu Pop-Barth, der aus der Ungefundenheit seiner Situation jetzt in den Widerspruch zur Wirklichkeit eintritt. Und er versucht es alleine. Wir wollen es alle hoffen: *Spes quaerens intellectum*. Und er erntet brausenden Beifall, wie er am linken Flügel in einem *apokalyptischen Exodus* durchgeht. Wird aber jetzt angegriffen, und der intellectus folgt der spes nicht. Parmenides ist da. Ich meine, Thomas von Aquin greift ihn an, Zweikampf zwischen dem *ewigen Sein* und der *ewigen Geschichte*. Aber diese Heilsgeschichte ist hier erst einmal zu Ende. Thomas hat den Ball, zu Occam. Ja, das ist reinster *Nominalismus*, meisterhaft wird Luther umspielt, ausgereifte via moderna ist das, aber Occam scheitert an Calvin. Das war wieder ein Lehrstück der *Via antiqua institutio christianae pedepelensis*. Erstaunlich auch das enorme Arbeitsquantum und das Durchhaltevermögen von Calvin. Da merkt man etwas von der *perseverantia sanctorum*. Dies sind die letzten Spielzüge. Calvin zu Luther, Luther zu Barth. Barth macht seinen letzten Versuch, Bultmann zu verstehen. Und Bultmann schießt seinen letzten anthropologischen Flachpaß in das *seiende Dasein*. Und da pfeift Erasmus das Spiel ab.

In einem fairen und ausgeglichenen Spiel trennen sich die evangelische und katholische Theologie im Visser't-Hooft-Stadion in Genf mit einem 1:1 durch Tore von Martin Luther und Thomas von Aquin unentschieden. Ich schalte wieder zurück auf die langen Leitungen der Kirchen.

Gottesdienst-
konferenzschaltung

MODERATOR:

Herzlich willkommen, liebe Zuhörerinnen und Zuhörer, zur Pfingst-Ausgabe unserer Sendung »Die Gottesdienste heute«. Wir wollen in den nächsten zehn Minuten wieder von den drei interessantesten Schauplätzen aktueller Frömmigkeit berichten und sind live dabei in der Regensburger Sankt Florians-Gemeinde, wo Kaplan Morgenschweiß in die Kanzel steigen wird – und wir sind mit unseren Reportern in Wuppertal zugegen, wenn es auf engstem Raume lutherisch gegen reformiert zur Sache geht – St. Ulrich gegen St. Martin. Die beiden Kirchen liegen ja – wie unsere treuen Hörer wissen – fast Schiff an Schiff, und nicht selten brandet die Liturgie des einen auch ins benachbarte hinüber. Und weil die Begegnung heuer auch noch für den Aufstieg in die Katholische Liga zählt, gebe ich gleich einmal rüber zu meinem Kollegen Gernot Stürzel nach St. Ulrich – dahin also, wo die Roten Teufel vom Butzerberg zu Hause und wegen ihrer Altersheimstärke gefürchtet sind, weil sie immer ganz dicht bis an den Kanzelrand heran sitzen. Alsdann, Gernot Stürzel! Hören Sie mich?

STÜRZEL:

Ja, ich höre Sie, Fürchtegott Altdeutscher! Nur leider herrscht hier noch ein wenig Verwir-

95

rung, weil der designierte Täufling bislang nicht einge-
troffen ist. Pfarrer Briegel beruhigt die Gemeinde einst-
weilen mit ein paar Takten Musik – übrigens alleine, weil
der Organist schon während des Abschlußtrainings wegen einer Wadenzerrung seinen Dienst quittieren mußte.
Deshalb glaubt auch niemand hier im weiten Rund der
Gläubigen, daß die Taktik der Presbyter aufgehen wird,
durch eine schnelle Einsegnung rasch ins Gottesgesche-
hen einzusteigen, um danach in Pfarrer Briegels solider
Predigt aus sicherer theologischer Deckung allen Anfech-
tungen wehren zu können ... aber hier unterbreche ich,
denn ... denn jetzt sitzt ... hallo! jawohl! ... mein Kollege
Bernward Thingstätt in meiner Muschel! Ich gebe daher
sofort einmal rüber zu ihm nach St. Martin, wo es offenbar schon kurz nach Aufgesang drunter und drüber geht!

THINGSTÄTT:

Ja und wie! Kaum hatte Superintendent
Seeler die Losung der Woche bekanntgegeben und Ruhe
in die vollbesetzten Bänke gebracht, als er auch schon
Lied 362 »Ein feste Burg ist unser Gott« anstimmen ließ.
Das riß die Gemeinde so mit, daß sie ohne Zuhilfenahme
der Gesangbücher trutzend einfiel – und das kann für die
Rückrunde des laufenden Kirchenjahrs von großer Bedeutung sein, denn laut EKD-Ordnung zählen auswendig gesungene Lieder doppelt! Herrliche Stimmen waren
dabei, besonders hinten links in der Pietistenkurve um
Kantor Greger. Ich glaube, wir können uns hier auf einen
schönen Sonntagvormittag freuen. Gelegenheit für mich,
einmal abzugeben an Werner Rettich nach St. Florian.
Spürt man denn dort schon etwas von der Nouvelle Cui-
sine in der Eucharistie des Zweiten Vaticanums, Herr
Kollege?

RETTICH:

Da muß ich Sie enttäuschen, Bernward
Thingstätt! Zwar hat Monsignore Morgenschweiß hier al-

les fest im Griff, aber die schlechten Sichtverhältnisse im weiten Spitzrund des Domes machen es mir schwer, Genaueres zu sagen. Hinter ziehenden Weihrauchschwaden deutet die Aufstellung der Meßknaben aber eher auf massierte Abwehr hin, auf einen theologischen Catenaccio ohne freien Mann oder anders gesprochen: auf orthodoxe Spielweise mit bischöflicher Viererkette! Und weil die Schwaden auch noch immer dicker werden, gebe ich nun wieder ab an Gernot Stürzel!

STÜRZEL:
Hier dagegen ist jetzt alles klar und läuft in ruhigen Bahnen! Pfarrer Briegel hat seine Reihen sicher im Griff. Und jetzt ... aah, wunderbar, wunderbar: genau im richtigen Moment ist der Geistliche auf die Kanzel gesprungen und hat das Thema seiner Predigt resolut umrissen. Das Pfingstfest selbst, die Dualität Diesseits versus Jenseits, Zwingli und ich, Geist contra Materie skizzierte er in feinen Strichen an, redete sich alsdann herrlich frei, wunderbar luzid kamen seine Flügelwechsel wie auf Engelszungen von einem Reich ins andere daher, ja und jetzt so kurz vorm Ende erwachen auch noch seine gefürchteten Puncherqualitäten, diese spirituellen Aufwärtshaken, die bisher noch jede seiner zweistündigen Predigten aus dem Feuer gerissen haben ...

THINGSTÄTT:
Hallo Gernot Stürzel ...!

STÜRZEL:
Ja, was gibt's? Ich war noch nicht am Ende!

THINGSTÄTT:
Elfmeter, Gernot Stürzel! Elf Meter seien im Vergleich zum Stadionrund wie ein Nadelöhr vor der Wirklichkeit Gottes. Das war der bisher rasanteste Coup

97

in Seelers Predigt! Und die eiskalte Verwandlung von Johannes 1,1! Jawohl. Und der Geistliche spricht weiter in diesem gnadenlosen Tonfall, ganz steil kommen jetzt die Sätze, knallhart kommt sein Wort vor das offene Ohr der Gemeinde. Da macht es Spaß zuzuhören ... nur der Organist sitzt abseits! Und da kommt auch schon der Pfiff – und Superintendent Seeler muß neu aufbauen ... Noch einmal greift er das Schriftwort auf und predigt es konkret. Ruhig steht er da in seinem Fischer-Talar, die Lutherhaus-Werbung keck auf seinem handgestickten Bäffchen, ohne indes baff zu machen. Das ist eine Theologie ohne Skrupel, eine, die offen ihren Weg gehen wird. Nicht wahr, Gernot Stürzel, wie schaut's derweil bei Ihnen aus?

STÜRZEL:

Nun, hier ist plötzlich Verwirrung aufgekommen! Pfarrer Briegels homiletische Ein-Mann-Deckung scheint nicht mehr so recht aufzugehen, wie sich gegen Ende seiner Auslassungen zeigt. Für einige Aufregung haben nämlich zwei angeschnittene Ökumene-Worte im Fürbittgebet gesorgt. Briegel sprach nur lobend »... Süd-Afrika ...« – und schon liefen halbrechts unter ihm die kantigen Burenschädel der jüngst zurückgekehrten Deutsch-Süd-West-Siedler um Laienprediger Johannes Burg dämonisch finster an, und seitdem zupfen sie unleidlich an ihren Gewändern, so als ob sie den Mantel der Geschichte eigenhändig zurechtzauseln wollten ... Aber sei's drum! Das Abendmahl wird heute zum ersten Mal im Sitzen eingenommen. Die Vorkonfirmanden haben den Gläubigen schon beim Betreten der Kirche den hygienischen Dreierpack im Plastiktütchen in die Hand gedrückt. Raschelnd werden in diesem Augenblick die Abendmahlstütchen geöffnet. Steht zu hoffen, daß bei einer derartigen technologisch-theologischen Rasanz der alte Einsetzungsstreit bald vergessen sein wird. Und mit diesem Resümee möchte ich mich hier aus St. Ulrich verabschieden. Es geht weiter mit Ihnen, Bernward Thingstätt!

THINGSTÄTT:

Auch hier ist mittlerweile alles entschieden! In Superintendent Seelers Predigt hat Beelzebub auch nicht den leisesten Stich bekommen. Der Knockout war perfekt, als er die wesentlichsten Themen seiner Predigt auch noch vermittels einer brandaktuellen Dia-Reihe ins rechte Licht rückte ... Mittlerweile ist man zum Abendmahl angetreten, es scheint allen gut zu bekommen. Alles freut sich schon auf Lied 130 »0, heilger Geist, kehr bei uns ein« und die Abkündigung sowie den Segen von Superintendent Seeler. Gelegenheit für mich, Kollegen Rettich aus St. Florian das katholische Schlußwort sagen zu lassen ...

RETTICH:

Ja, wenn ich das so über meinen Kopfhörer alles mithöre, dann überkommt mich schon ein bisserl der Neid! Hier ist nämlich immer noch kein einziges Wort gefallen. Nur die Aktionen im Altarraum sind ein wenig in Bewegung geraten. Die Meßknaben scheren hin und wieder zur Seite aus, um dem nachrückenden Monsignore Morgenschweiß mit seinem liturgischen Utensiliennachschub Platz zu machen. Erst jetzt steht die Gemeinde den Einsetzungsworten des Geistlichen brav Rede und Antwort – aber das ganze Geschehen um die Oblaten wirkt im interkonfessionellen Vergleich doch allzu hausbacken... Und nun sind sie auch noch hingefallen! O je! Die Kette der Akteure bricht auseinander, und eine alte Frau auf der Sakristeitribüne bricht ohnmächtig zusammen. Und mit diesem wenig beruhigenden Schlußcommuniqué muß ich leider zurück ins Studio geben, denn ich sehe soeben oben auf der Kirchenuhr: unsere Zeit ist um!

MODERATOR:

Ja, so ist es! Die Sendeminuten sind wieder einmal wie im Flug vergangen. Trösten wir unsere katholischen Zuhörer einfach mit dem alten Credo: »St. Florian in seinem Haus teilt später als die andren aus!« Und wie es am Ende ausgegangen ist, werden wir Ihnen dann in unserer Spätausgabe nachreichen, wenn mein Kollege Gerd Reiflinger Sie in diesem Studio zu »Metten, Wetten, Glaubensstätten« begrüßt, der Sonntagsausgabe von »christlich *ran*«!

MANFRED
JOSUTTIS

Rundfunkandachten zum Thema »Fußball«

Der Theologe als Zuschauer

Ich weiß nicht, wo sich an diesem Wochenende mehr Menschen versammmelt haben, in den Gottesdiensten oder auf den Sportplätzen. Ich selber bin gestern nicht in der Kirche, aber bei einem Fußballspiel gewesen. Und ich frage mich: Warum gehe ich, der ich Theologe bin und damit gewissermaßen Berufschrist, meist lieber zu einer Sportveranstaltung als in den Gottesdienst?

Ich denke, für mich ist das Wichtigste an einem Fußballspiel die Spannung. Der Ausgang eines Spieles ist beim Anpfiff noch vollkommen offen. Auch klare Favoriten können verlieren. Und in den 90 Minuten kann ich Dinge erleben, die in meiner gesicherten Alltagswelt kaum noch vorkommen. Ich sehe Einsatzbereitschaft bis zur körperlichen Erschöpfung. Ich erlebe den Siegeswillen der Mannschaften, der manchmal bis an die Grenze der Brutalität geht. Ich bewundere die Mischung von Einzelleistung und mannschaftlicher Geschlossenheit, von Technik und Taktik. Und ich kann mich selber innerlich engagieren; ich kann die eigene Mannschaft unterstützen, und ich kann die Schiedsrichter lautstark kritisieren.

Das Entscheidende bei alledem ist: Es geht um Sieg oder Niederlage. Meine Mannschaft kann gewinnen, sie kann verlieren. Und mit ihr kann ich gewinnen oder verlieren. Darum der Einsatz, darum die Aufregung, darum die unendliche Erleichterung, wenn man sich auf dem Heimweg sagen kann: Wir haben gewonnen. Und darum auch die Enttäuschung, wenn man sich eingestehen muß: Wir sind geschlagen worden.

Ich denke, darin ist das Fußballspiel ein Spiegelbild unseres Lebens. Wir wollen gewinnen, und wir fürchten uns zu verlieren. Auch in vielen anderen Bereichen kämpfen wir. Um einen Arbeitsplatz, um einen Menschen, den wir brauchen. Um viel Geld. Um ein bißchen Glück. Manchmal auch um unser Leben. Der Sieg auf dem Sportplatz ist schön – wir haben gewonnen. Eine Niederlage ist zu ertragen – es ist ja doch nur ein Spiel.

Auf dem Sportplatz ist es meist spannender als in der Kirche. Denn in der Kirche wird im Grunde immer nur das eine gesagt: Du hast gewonnen, Gott hat alles für dich getan, es kann dir trotz allem gar nichts passieren. Das klingt manchmal sehr langweilig, und deshalb ist ein Fußballspiel meist aufregender als ein Gottesdienst.

Manchmal freilich begreife ich: Ich brauche auch die Gewißheit, die im Gottesdienst laut wird. Ich muß sicher sein, daß mein Leben beschützt ist und daß ich letzten Endes niemals verlieren kann. Ich kann nur leben, und ich kann nur kämpfen in dem Vertrauen, daß die Entscheidung über mein Leben schon gefallen ist. Deshalb gehe ich nicht nur sehr gern auf den Sportplatz. Deshalb gehe ich hin und wieder auch in den Gottesdienst.

Die Fans

Junge Menschen schwenken Fahnen. Sie tragen eine Art Uniform in den Farben ihres Vereins. Sie grölen Lieder von der Unsterblichkeit: »Fußball ist unser Leben«. –

»Aber eins, das bleibt bestehen – unser Verein wird niemals untergehen!« Beim Spiel feuern sie ihre Mannschaft an. Den Schiedsrichter versuchen sie mit Gebrüll einzuschüchtern. Und wenn es eine Niederlage gegeben hat, dann lassen sie ihre Wut an Autos, in Zugabteilen, manchmal auch an den Anhängern des Gegners aus.

Wer sind das, die Fans? Die Vereine leben von ihnen und schämen sich ihretwegen. Ordner und Polizisten sind an jedem Wochenende damit beschäftigt, sie unter Kontrolle zu halten.

»Fußball – das ist unser Leben!« Die Fans suchen Heimat, Zugehörigkeit, Glück. Die Fahne zeigt an, wofür sie leben. Nicht mehr für das Vaterland. Nicht für eine Idee. Sondern für diesen Verein. Die Uniform macht deutlich, daß sie zusammengehören, in der großen Familie derer, die die Stars auf dem Rasen bewundern. In den anderthalb Stunden am Samstagnachmittag wissen sie: Das Leben hat einen Sinn. Es gibt etwas, auf das man sich eine ganze Woche lang freuen kann. Es gibt Spielzüge, von denen man immer wieder erzählt, und Tore fallen, die man niemals vergessen wird.

Wer sind das, die Fans? Arme Irre, die sich berauschen müssen, um ihr Elend zu vergessen? Glückliche Kinder, die sich über ein Tor so unbändig freuen können? Gefährliche Krawallmacher, weil sie ihre Wut immer wieder herauslassen?

Ich denke, die Fans auf dem Fußballplatz sind auch ein Spiegelbild unserer Gesellschaft. So armselig wie ihre verwaschenen Jeans sind die Ideale, für die wir leben. So grausam und zerstörerisch wie ihre Haßparolen sind die Gesetze, die in unserer Welt herrschen. So trostlos wie in ihren Gesichtern sieht es manchmal in unserer Seele aus.

Vielleicht können wir, wenn wir die Fans, diese Vandalen und Randalierer, verstehen, auch wissen, wie es um uns selber bestellt ist. Die großen

Wünsche nach Geborgenheit und nach Glück. Und die große Enttäuschung darüber, daß im Leben alles so anders läuft.

»Fußball – das ist unser Leben!« – »Aber eins, das bleibt bestehen – unser Verein wird niemals untergehen!«

Die Fans suchen das richtige Leben.

Jesus sagt: »Selig sind, die da hungert und dürstet nach Gerechtigkeit; denn sie sollen satt werden«.

Die Spieler

Sie sind in jungen Jahren berühmt. Sie verdienen für einige Zeit sehr viel Geld. Sie müssen mit Ruhm und mit Reichtum und vielen anderen Problemen fertigwerden: rund 400 Männer, die in der ersten Bundesliga Fußball spielen:

Von den sportlichen Helden seiner Zeit sagt der Apostel Paulus im 1. Brief an die Gemeinde in Korinth: »Ihr wißt doch: Die Läufer im Stadion laufen zwar alle, aber nur einer erlangt den Siegespreis. Lauft darum so, daß ihr ihn gewinnt!«

Paulus meint, daß man von den Sportlern etwas für das eigene Leben lernen kann. Was können wir bei den Fußballspielern lernen?

Vor allem sehe ich auf dem Fußballplatz, daß zum Leben der Kampf gehört. Man kommt nicht durch, es geht nicht weiter, wenn man nicht mit vollem Einsatz spielt. Einsatz, d. h. nicht: Brutalität. Man gefährdet durchs unfaire Spiel nicht nur den Gegner, sondern auch sich selbst. Einsatz, d. h. alles geben, was man geben kann. Sich nicht hängen lassen. Nicht nur von den anderen etwas erwarten, sondern auch selber das Mögliche tun. Leben heißt kämpfen, und in diesem Kampf entdecken, was man alles kann.

Ich weiß, daß man im Lauf eines Spiels auch Pausen braucht. Um sich zu erholen. Um sich zu erfrischen. Um neue Kräfte zu sammeln. Und neben den Pausen, in denen es langsamer läuft, gibt es Krisen, in denen bei einem Spieler alles danebengeht. In denen er selber viel falsch macht. Und in denen er auch von den anderen falsch behandelt wird, weil sie seine Probleme nicht kennen und ihn nicht verstehen. Wie kommt ein Fußballspieler durch Krisen hindurch? Indem er sich anstrengt, natürlich. Aber die größte Anstrengung nützt nichts, wenn er kein Selbstvertrauen mehr hat. Ich kann es. Ich werde es schaffen. Ich bin gut.

Im Kampf des Lebens das Selbstvertrauen behalten, ist schwer. Wenn man von einem wichtigen Menschen verlassen wird. Wenn man keinen Arbeitsplatz findet. Wenn man alt wird und die Kräfte erlahmen. Wie geht es weiter? Wie komm ich durch Krisen hindurch?

Die Fußballspieler rechnen damit, daß einem die Mannschaftskameraden dann helfen. Oder der Trainer. Oder sonst jemand, mit dem sie ihre Probleme besprechen.

Aber manchmal sind die Probleme nicht lösbar. Dann müssen die Spieler fertigwerden damit, daß eine neue Etappe in ihrem Leben beginnt. Sie hören auf, im Blickpunkt der Öffentlichkeit zu stehen. Sie verdienen weniger Geld. Sie müssen ein neues Leben beginnen. Und das ist sehr schwer.

Das Leben geht weiter, sagt man so vor sich hin. Manchmal kann man das gar nicht mehr glauben. Dann sind die Probleme so groß, die Schwierigkeiten scheinen so unüberwindlich, die Last drückt so schwer, daß ein Zusammenbruch droht. Das Leben geht weiter, meist mit uns, zuletzt ohne uns. Es ist erstaunlich, wie groß die Kraft in uns ist, die uns Selbstvertrauen schenkt und uns damit am Leben erhält.

Zu einem Fußballspiel gehören auch sie. Sie spielen nicht mit. Sie bekommen kein Geld. Oft werden sie sogar beschimpft. Aber sie sind immer dabei: der Schiedsrichter und seine beiden Linienrichter*.

Was bewegt diese Männer dazu, ihr Wochenende zu opfern, hunderte von Kilometern zu fahren und sich dem Ärger von Spielern und Zuschauern auszusetzen?

Sicherlich spielt dabei das Erlebnis von Macht eine Rolle. Sie entscheiden in manchen Szenen über den Ausgang eines Spiels. Ob sie einen Elfmeter verhängen, ob sie einen Spieler vom Platz stellen, ob sie ein Tor wegen Abseits nicht anerkennen – das alles kann für die Spieler und die Vereine enorme Wirkungen haben. Es geht ja um Sieg oder Niederlage, um Meisterschaft oder Abstieg, es geht um Geld. Insofern haben die Schiedsrichter in den 90 Minuten eine enorme Macht.

Aber dieses Erlebnis von Macht betrifft auch sie selber. Sie müssen sich im Laufe eines Spiels möglichst unerschütterlich zeigen. Sie dürfen sich nicht beeinflussen lassen durch die Proteste der Spieler und das Gejohle der Zuschauer. Sie müssen wahrnehmen, was wirklich geschieht. Und sie müssen daraufhin blitzschnell gerechte Entscheidungen treffen. Ich denke, auch das ist ein wichtiges Erlebnis für einen Schiedsrichter. Ich bin so stark, daß andere Menschen mit ihren Drohungen und Versprechungen mich nicht verführen können. Ich kann genau sehen. Ich kann richtig entscheiden. Ich kann mich auf mein Urteilsvermögen verlassen. Ein Schiedsrichter darf kein Mitläufer sein.

So sorgen diese Männer während der 90 Minuten, die ein Fußballspiel dauert, für das, was unter

* Siehe Seite 61 ff.

Menschen lebensnotwendig ist, für Gerechtigkeit. Ich weiß, auch sie machen Fehler, und ich ärgere mich darüber, wenn ich selbst auf dem Sportplatz bin. Aber das sollte jeder ihnen zugestehen, daß sie versuchen, ihr Bestes zu geben, und daß sie für diesen Dienst an der Gerechtigkeit auch persönlich Opfer bringen.

Jede Gemeinschaft braucht solche Männer und Frauen. Die nicht nur ihre eigenen Interessen vertreten und nicht nur eigennützige Zwecke verfolgen. Die also nicht, wie die anderen, um Sieg oder Niederlage kämpfen. Sondern die darauf achten, daß es beim Kampf zwischen den Menschen möglichst fair und möglichst gerecht zugeht.

Im dritten Buch Mose heißt es (19, 15): »Du sollst nicht unrecht handeln im Gericht: du sollst den Geringen nicht vorziehen, aber auch den Großen nicht begünstigen, sondern du sollst deinen Nächsten recht richten.«

Wir brauchen Richter, die nicht bestechlich sind, die über den Parteien stehen und die auf diese Weise dem Ganzen dienen.

Das Geld

Das Sprichwort sagt: »Geld verdirbt den Charakter«. Und an den Theken und Stammtischen ist jetzt öfters der Satz zu hören: »Das Geld wird den Fußball verderben«.

In der Tat hat sich das Spiel unter dem Einfluß des Geldes in den letzten Jahren erheblich verändert.

Das gilt zunächst für die Spieler. In der Bundesliga sind sie zu einer Art moderner Sklaven geworden. Wie eine Ware können sie von ihrem Verein auf dem Markt gehandelt werden, unter Umständen sogar gegen ihren eigenen Willen. Gleichzeitig sind sie wegen der großen Ablösesummen, die teilweise für sie gezahlt werden, unter einen erheblichen Leistungsdruck geraten. Wie gut muß einer spielen, damit er die Millionen, die er gekostet hat, auch wert ist?

Das Geld hat aber auch die Mannschaft verändert. Von älteren Spielern hört man: Früher waren wir 11 Kameraden, heute ist das anders geworden. Auch heute müssen die Spieler auf dem Feld miteinander auskommen, um das gemeinsame Ziel, den Sieg, zu erreichen. Aber gleichzeitig sind sie auch Konkurrenten geworden, um einen Platz in der Mannschaft, um die Anerkennung des Publikums und um das Geld, das sie verdienen wollen. Das Geld trennt Menschen voneinander. Es löst Gemeinschaften auf, beim Fußballspiel, in der Familie, in den Betrieben.

Das Geld hat aber nicht nur die Spieler und die Mannschaften, es hat auch die Vereine verändert. Sie sind zu Wirtschaftsunternehmen geworden, die mehrere Millionen im Jahr umsetzen und die mit ihren Investitionen ein erhebliches Risiko eingehen. Viele Vereine sind hoch verschuldet. Teilweise haben sie ihren Grundbesitz verloren, weil sie Stadion und Übungsgelände verkaufen mußten. Manche sind in die Abhängigkeit eines Mäzens geraten, der für sein Geld im Verein nun auch entscheiden will.

»Geld verdirbt den Charakter«. – »Geld verdirbt auch den Fußball«. Es ist die Frage, ob das Spiel den Versuch, damit Geschäfte zu machen, überleben wird.

Geld verändert. Geld zerstört. Was man beim Fußball beobachten kann, gilt auch für andere Lebensbereiche. Geld macht Menschen zu Mördern. Des Geldes wegen zerstreiten sich Familien. Die Gier nach Geld hat zur Ausbeutung fremder Völker und zur Zerstörung der Natur geführt. Und hinter dem Rüstungswahnsinn, der die Machtblöcke treibt, stecken nicht zuletzt wirtschaftliche Interessen.

In der Passionsgeschichte Jesu hat sich die Macht des Geldes an Judas gezeigt. Für 30 Silberstücke hat er Jesus verraten. Aber er ist nicht glücklich geworden damit, sondern hat sich aufgehängt und auch sein eigenes Leben zerstört.

Das Geld gefährdet die Seele, haben die Glaubensväter gesagt, und man hat sie deshalb oft genug für Moralapostel gehalten. Heute wissen wir: Das Geld bedroht nicht nur die Seele – die Jagd nach Geld und Gewinn gefährdet die Welt.

THOMAS
SCHLEIFF

Verlorene Zeit

Auch diesmal nahm ich es mir vor:
Ich seh' mir nur den Anfang an
und höchstens bis zum ersten Tor –
doch zog das Spiel mich in den Bann!

Nur diese eine Szene noch:
der Außenstürmer flankt herein,
dort in der Mitte springt man hoch –
ein Schuß, ein Tor? Ach, leider nein.

Ich will mich eigentlich erheben,
ich habe noch was andres vor –
doch bleibe ich am Bildschirm kleben
bis zum ... ich selber bin ein Tor.

Nun ist die Halbzeit schon vorbei,
ich sitze hier noch immer fest.
Naja, nun ist es einerlei,
jetzt sehe ich auch noch den Rest.

Ich bin ganz Auge und ganz Ohr,
die Spannung steigt zum Ende hin,
und da, da fällt auch noch ein Tor –
doch nicht für die, für die ich bin.

So haben erstens »wir« verloren
im Hinblick auf den Stand von Toren.
Doch zweitens haben solche Toren
wie ich auch sehr viel Zeit verloren.

G.

Kleine
Nachlese

OKKO
HERLYN

»Traumpass« –
Eine Vorlage
macht von sich reden

Sehr geehrte Frau Pfarrerin, sehr geehrter Herr Pfarrer!

Wer von Ihnen kennte das nicht: Freitagabend. Der Tag wie immer stressig. Beerdigung, Verwaltung, Konfirmandenunterricht, Hausbesuche. Sie sind erschöpft, müde, rechtschaffen ausgebrannt. Jetzt nur noch Beine hoch, braufrisches Pilsener auf den Tisch und »ran« reingezogen...

Da! Wie ein brutaler Bodycheck trifft Sie plötzlich ein furchtbarer Gedanke. Die Trauansprache für morgen! Immer wieder hatten Sie die Woche über nach einem passenden Wort gefahndet. Nach etwas Lebensnahem, Handfestem für die, die da in ein paar Stunden vor Ihnen in der ersten Reihe sitzen und möglichst woanders abschalten sollen. Doch der Akku ist leer. Nichts geht mehr. Aus, Schluß, vorbei.

Was tun? Zum soundsovielten Male irgendeinen Altstar von der Bank holen? Wieder einmal Himmel, Wolken, Licht und Lilien bemühen, um etwas von Glaube, Liebe, Hoffnung rüberzubringen? Längst hat sich Ihre innere Abwehrkette formiert.

Mit Recht. Denn es gibt jetzt »TRAUMPASS«. Unser Programm für den treffsicheren Verbalangriff bei Predigten, Amtshandlungen, festlichen Ansprachen und klerikalen Besinnungen. Nichts gegen »Der

Herr ist mein Hirte« oder das Gleichnis vom Feigen-
baum, aber – Hand aufs Herz – nicht alles schon ein bißchen verbraucht, abgeleiert, ausgelutscht? Meinen Sie im
Ernst, Jesus würde heute noch seine message mit Senf-
korn und Sauerteig, Schafen und Groschen verkaufen?
Wir sind sicher, er würde sein Sprachmaterial von dort
nehmen, wo das Volk zu Hause ist, wo es lebt und leidet,
feiert und flucht: in der Welt des Fußballs.

Wir haben für Sie ein praktisches und
zudem preisgünstiges Paket zusammengestellt: »TRAUM-
PASS«. Metaphorische Mustervorlagen für alle Fälle pasto-
ralen Redenmüssens. Hier zunächst unser Angebot in
der Übersicht:

»DA KÖNNEN SIE ES KAUM ERWARTEN«
Eine Besinnung zum Advent

»MEIN GOTT, WAS FÜR EIN AUFTAKT!«
Familiengottesdienst am Heiligabend

»FÜR MEINE BEGRIFFE EINE ZU HARTE ENTSCHEIDUNG«
Karfreitagspredigt

»PROBLEM PHANTASTISCH GELÖST«
Osternachtmeditation

»AM OBEREN BILDRAND SCHÖN ZU ERKENNEN«
Gemeindebriefartikel zu Himmelfahrt

»JETZT GELINGT IHNEN NATÜRLICH ALLES«
Pfingstgottesdienst in neuer Gestalt

»DA IST OFFENBAR DER WURM DRIN«
Ökologischer Krabbelgottesdienst zum Erntedankfest

»SCHÖN GEDACHT, ABER . . .«
Rede zur Reformation

»MACHEN WIR UNS NICHTS VOR, ES WIRD SCHWER WERDEN«
Gedanken zum Buß- und Bettag

»DA IST NIEMAND, SO SCHEINT ES«
Wochenendbeilage zum Totensonntag

»WIE VERWANDELT«
Taufe und neues Leben – ein Anstoß

»NICHT MEHR WEGZUDENKEN AUS DER MANNSCHAFT«
Eine Konfirmationsansprache

»DAS IST SEINE/IHRE ENTFERNUNG«
Die etwas andere Traupredigt

»ALLES RICHTIG GEMACHT UND DANN DAS...«
Worte am Grabe

So schön also kann Predigen sein. »TRAUMPASS« wird Sie ab sofort wie befreit aufspielen lassen. Schimpfen Sie nicht mit Ihren Vorderleuten. Rufen Sie uns an. Bestellen Sie jetzt. Zum Einführpreis. Sie werden sehen: auch in dieser Höhe vollauf verdient.

Hochachtungsvoll

PRESSING
Vermittleragentur
für gleichnishafte Rede

THOMAS
SCHLEIFF

Kleines
Fußball-ABC

A

Der *Anpfiff* ist der erste Ton.
Nun endet jede Diskussion
und auch die Frage nach dem Sinn –
von nun an sind wir mittendrin.

B

Sepp Herberger vom Fußballbund
verkündete: »Der *Ball* ist rund.«
Das gilt noch jetzt auf alle Fälle
für jeden Ball und alle Bälle.

C

Das Toreschießen scheint doch schwer,
denn häufig heißt es hinterher:
»Es gab wohl *Chancen*, und zwar klare,
doch Tore blieben Mangelware.«

D

Der *Dribbelkünstler* geht vorbei
an ein, zwei Leuten oder drei,
so mancher auch an vier – und zwar
umdribbelt er sich selbst sogar.

E

Das Fußballspiel ist ein Vergnügen,
auch wenn wir selbst nicht immer siegen.
Mißfällt uns manchmal das *Ergebnis* –
das Spiel ist immer ein Erlebnis!

F

Nicht immer siegt der *Favorit*,
wie man an Goliaths Schicksal sieht.
Der Sieg von David stimmt uns heiter –
aus Sympathie für Außenseiter.

G

Der *Gegner* ist nicht unser Feind,
er ist im Grunde unser Freund,
denn wir verdanken ihm sehr viel:
und zwar die Möglichkeit zum Spiel.

H

Beim Fußball, das weiß heute jeder,
geht es nicht nur ums runde Leder.
Wir sind nicht in der heilen Welt:
Beim Fußball geht's um *Heidengeld.*

I

Der *indirekte Freistoß* ist
Gelegenheit für Fußball-List:
Wie findet man, sei's auch mit Tücke,
beim Gegner eine kleine Lücke?

J

Im *Jubelschrei* entlädt sich laut
die Spannung, die sich lang gestaut.
Es hat der Mensch tief in sich drinnen
die große Sehnsucht, zu gewinnen.

K

Wer kennt Fritz Walter anders als
bei *Kaiserslautern* in der Pfalz?
Doch heute gehn die Spieler fremd
und wechseln für viel Geld ihr Hemd.

L

Man sagte von *Libuda*: »Ei,
der dribbelt selbst an Gott vorbei!«
Was sagen wir von diesem Ton?
Ist das Satire oder Hohn?

M

Den Fußball soll man selbst betreiben,
statt nur andauernd *mattzuscheiben*.
Sehn wir nicht sehr oft viel zu viele
Cup-, Länder- sowie Ligaspiele?

N

Die *Notbremse* ist hundsgemein
und eigentlich nicht zu verzeihn.
Doch ahne ich es, daß ich sie
im Fall der Not auch selber zieh'.

O

Spielt eine Mannschaft *offensiv*,
ist das für uns sehr attraktiv.
Pfui denen, die nur hinten mauern
und auf die Konterchance lauern!

P

Du kannst den *Pfosten* nicht verschieben
nach deinem eigenen Belieben,
und springt der Ball von ihm zurück,
ist's Pech – beziehungsweise Glück.

Q

Oft holten Deutsche im Finale
WM- und auch EM-Pokale.
Fortuna half zum Meisterstück
und gab dazu ihr *Quentchen Glück*.

R

Zur deutschen »*Regelwidrigkeit*«
braucht man beim Sprechen zu viel Zeit.
Wir schaun den Engländern aufs Maul
und sagen kurz und bündig »Foul«.

S

Der *Schiedsrichter* muß schnell begreifen
und noch im Augenblicke pfeifen.
Der Zuschauer, der auf ihn schilt,
sieht Zeitlupe im Fernsehbild.

T

Je nach dem Stand in der Tabelle
behält der *Trainer* seine Stelle.
Man spricht darum nicht ohne Witz
von seinem Job als »Schleudersitz«.

U

Ich denke, auch beim Fußball haben
wir Mitleid mit dem *Unglücksraben*
und trösten ihn beim Eigentor:
»Ach, lieber Freund, das kommt mal vor.«

V

Elfmeter, Anlauf, Schuß – daneben –
die große Chance ist *vergeben*.
Dem, der vorbeischoß, gerade eben,
wird man das doch wohl auch vergeben?

W

Die *Werbung* fehlt heut' nirgendwo
rings um das Feld und am Trikot.
So trifft auch hier die Werbekeule:
Der Mensch wird eine Litfaßsäule.

X

Das *X* macht seine Beine breit –
fürs Fußballspiel ein bißchen weit.
Man kann es so zwar schlecht umfummeln,
doch um so besser kann man's tunneln.

Y

Die Arme werfen *Ypsilone*
zum Himmel hoch in Richtung Sonne.
Die Sieger, die ein Spiel gewonnen,
die gleichen unsern Ypsilonen.

Z

Der Fußball fördert das Gefühl
für Teamgeist und *Zusammenspiel*.
Als Pastor rate ich deswegen,
das Paß- und Torspiel wohl zu pflegen.

HANS-GEORG
ULRICHS

Literatur-Auswahl
für den denkenden
Fußball-Fan

Bausenwein, Christoph, Geheimnis Fußball. Auf den Spuren eines Phänomens, Göttingen 1995

Biermann, Christoph, Wenn du am Spieltag beerdigt wirst, kann ich leider nicht kommen. Die Welt der Fußballfans, Köln 1995

Böttiger, Helmut, Kein Mann, kein Schuß, kein Tor. Das Drama des deutschen Fußballs, München 1993

Bornemeier, Uwe (Hg.), Lob der Bundesliga. Bekenntnisse und Ansichten über die wichtigste Sache der Welt, Essen 1988

Delius, Friedrich Christian, Der Sonntag, an dem ich Weltmeister wurde. Erzählung, Reinbek bei Hamburg 1994

Eisenberg, Christiane (Hg.), Fußball, soccer, calcio. Ein englischer Sport auf seinem Weg um die Welt, München 1997 (darin: dies., Deutschland, 94–129)

Farin, Klaus/Stark, Jürgen (Hgg.), Das Fußball-Lesebuch, Reinbek bei Hamburg 1990

Fechtig, Beate, Frauen und Fußball. Interviews, Porträts, Reportagen, Dortmund 1995

Frank, Wolfgang (Hg.), Nach dem Spiel ist vor dem Spiel. Die wunderbare Welt des Fußballs, Reinbek bei Hamburg 1996

Frei, Alfred G., Finale Grande 1954. Die Rückkehr der Fußballweltmeister, Berlin 1994

Fußball in der Kunst, Ausstellungskatalog der Pfalzgalerie Kaiserslautern 1989

Fußball und Rassismus, Mit Beiträgen von D. Beiersdorfer u. a., Göttingen 1993, Reinbek bei Hamburg ²1994

Haldas, Georges, Die Legende vom Fussball, Zürich 1994 (frz. Lausanne 1989)

Handke, Peter, Die Angst des Tormanns beim Elfmeter. Erzählung, Frankfurt a. M. 1969

Hansen, Klaus (Hg.), Verkaufte Faszination. 30 Jahre Fußball-Bundesliga, Essen 1993

Heinrich, Arthur, Tooor! Toor! Tor!. Vierzig Jahre 3:2, Berlin 1994

Henscheid, Eckhard, Standardsituationen. Fußball-Dramen, Zürich 1988

Horak, Roman/Reiter, Wolfgang (Hgg.), Die Kanten des runden Leders. Beiträge zur europäischen Fußballgeschichte, Wien 1991

Hornby, Nick, Ballfieber. Die Geschichte eines Fans, Hamburg 1996 (engl. Original: Fever Pitch, London 1992)

Jenrich, Holger, »Radis, Sané und ein Sputnik«. Ausländer in der Fußball-Bundesliga 1963–1995, Essen 1995

Jorginho, Steilpass. Ehrliche Bekenntnisse, Moers [5]1995

Leinemann, Jürgen, Sepp Herberger. Ein Leben, eine Legende, Berlin 1997

Lindner, Rolf (Hg.), Der Satz »Der Ball ist rund« hat eine gewisse philosophische Tiefe, Berlin 1983

Lindner, Rolf/Breuer, Heinrich Th., Sind doch nicht alles Beckenbauers. Zur Sozialgeschichte des Fußballs im Ruhrgebiet, Frankfurt 1987

Moritz, Rainer (Hg.), Doppelpaß und Abseitsfalle. Ein Fußball-Lesebuch, Stuttgart 1995

Morris, Desmond, Das Spiel. Faszination und Ritual des Fußballs – das Spiel, mit dem wir leben, München/Zürich 1981 (engl.: The Soccer Tribe, London 1981)

Pieper, Werner, Der Ball gehört uns allen (Der grüne Zweig 153), Löhrbach 1993

Riha, Karl (Hg.), Fußball literarisch oder Der Ball spielt mit den Menschen. Erzählungen, Texte, Gedichte, Lieder, Bilder, Frankfurt a. M. 1980

Schulze-Marmeling, Dietrich, Der gezähmte Fußball. Zur Geschichte eines subversiven Sports, mit Beiträgen von M. John, M. Krauß, M. Lieske, P. Wuhrer, Göttingen 1992

Schulze-Marmeling, Dietrich (Hg.), »Holt Euch das Spiel zurück«. Fans und Fußball (mit Beiträgen von B. Berg u. a.), Göttingen 1995

Schwarz-Pich, Karl-Heinz, Der Ball ist rund. Eine Seppl Herberger-Biographie, Ubstadt-Weiher 1996

Schümer, Dirk, Gott ist rund. Die Kultur des Fußballs, Berlin 1996

Väth, Heinrich, Profifußball. Zur Soziologie der Bundesliga, Frankfurt a. M. 1994

Wolf, Ror, Das nächste Spiel ist immer das schwerste, Königstein/Ts. 1982 (dass., Untertitel: Alte und neue Fußballspiele, Zürich 1990)

… und ein *Video*: Die schönste Nebensache der Welt. Fünf Fußballer verraten das Geheimnis ihres Lebens (ERF-Verlag, Wetzlar, Nr. 24047)

Autorin und Autoren

Susanne Degenhardt, geb. 1960 in Wanne-Eickel, dort auch aufgewachsen, aber nicht fußballerisch sozialisiert worden. Zum Glück! Denn meine Familie ist – soweit fußballbegeistert – eher zu Schalke 04 ausgerichtet, wie fast alle aus Wanne-Eickel Stammenden, und das wäre doch zu einem argen Hemmschuh in Dortmund geworden. 1988: Umzug in meine Wahlheimat nach Dortmund, Vikariat 1988–1991. 1989: DFB-Pokalsieg von Borussia Dortmund und mein erster Stadionbesuch anläßlich der Begegnung Bor. Dortmund – Werder Bremen (3:1). Dort sofort vom Fußballvirus infiziert worden. Seit 1991 Pastorin in der Gemeinde, in der auch das Fan-Projekt seine Diensträume hat. Seit 1992: Dauerkarteninhaberin, Vereinsmitglied des BvB Dortmund und Vereinsmitglied des Fan-Projekt Dortmund e. V.

Stefan Effenberg, geb. 1968 in Hamburg; 1,88 Meter groß, 86 kg schwer; verheiratet mit Martina, 3 Kinder: Nastassja, Etienne-Noel, Ann-Kathrin; bei Borussia seit 1994, Vertrag bis zum Jahr 2000; 228 Bundesliga-Spiele, davon 163 für Borussia, mit 44 Toren, davon 25 für Borussia; 9 Europapokal-Spiele mit 5 Toren für Borussia; 33 A-Länderspiele und 5 U-21 Länderspiele für Deutschland; bisherige Vereine: AC Florenz, Bayern München, Borussia Mönchengladbach, Victoria Hamburg, Bramfelder SV; Trikot-Nummer: 10.

Elmar Funk, geb. 1942, verheiratet, mit einem Stall von Kindern, Gemeindepfarrer in der nordpfälzischen Kreisstadt Kirchheimbolanden, im Ruhrgebiet aufgewachsen. Als Kind oft »auf Schalke«. Über die Leichtathletik (Mittelstrecke) zum Fußball gekommen. Nach dem Studium der evangelischen Theologie in Bethel, Tübingen, Heidelberg und Münster und anschließendem Vikariat dort Wechsel in die Pfalz. Vorübergehender Lehrauftrag an der Uni Mainz und langjährige Mitarbeit auf den Deutschen Evangelischen Kirchentagen (»Politische Nachtgebete«). Häufige Pilgerreisen auf den heiligsten pfälzischen Berg, den Betzenberg. Leidenschaftlicher Anhänger der »Roten Teufel«. Aktiver Fußballer in Wanne-Eickel und beim SV Tübingen 03. Seit 15 Jahren Mittelfeldspieler (Rückennummer 10) im Team der »Pälzer Parre« und heutiger Spielführer dieser Exotenelf.

RÜDIGER GIESELMANN, geb. 1937, Erfahrungen im Straßenfußball und als Torwart des Predigerseminars in Hofgeismar, beliebt bei gegnerischen Mannschaften. Aus Gründen des Liebeskummers wegen einer Berliner Schauspielerin boxte ich an hohen Bällen vorbei: 0:16. Pfarrämter in Gelnhausen, Köln und Darmstadt, hier auch sechs Jahre Studentenpfarrer. Momentan: Religionslehrer an einem Oberstufengymnasium. Schwerpunkt: Erwachsenenbildung.

MARTIN GRAB, geb. 1959, von 1966 bis 1985 Mittelfeldspieler bei der SpVgg. Neckarelz, danach beim FC Ersingen (bei Pforzheim) und seit 1987 beim FC Kappel (bei Villingen). Studium der evangelischen Theologie in Heidelberg und Wien, Lehrvikariat in Pforzheim, 1986 als Pfarrvikar nach Niedereschach/Schwarzwald, dort seit 1988 Gemeindepfarrer. Bezirksbeauftragter für Sport und Vereine, im Nebenberuf Fußballer beim FC Kappel und Ansprechpartner der Badischen Pfarrer-Fußballmannschaft, die seit 1995 bei Vereinsfesten und ähnlichen Anlässen auftritt und dabei nur einmal – gegen die Traditionsmannschaft des SC Freiburg – als Verlierer den Platz verließ.

OKKO HERLYN, geb. 1946, in jungen Jahren durch die sonntägliche Gottesdienstpflicht eines reformierten Pfarrhauses an dem Aufbau einer internationalen Fußballkarriere gehindert, schaffte dennoch den Sprung in verschiedene Hochschulmannschaften (Göttingen, Zürich, Wuppertal), bevor ihm 1981 mit den legendären »Wanheimer Kirchenkickern« der Titel des »Synodalen Fußballmeisters« im Kirchenkreis Duisburg-Süd gelang; nebenher von 1977 bis 1994 Pfarrer in Duisburg-Wanheim, seit 1994 Professor an der Evangelischen Fachhochschule Bochum und Privatdozent für Praktische Theologie an der dortigen Ruhruniversität; gelegentlich auch literarischer Kleinkünstler mit Szenen und Songs aus der akuten Provinz.

MANFRED JOSUTTIS, geb. 1936 in Insterburg/Ostpreußen, hat das Fußballspiel erst nach Kriegsende bei Rhenania Würselen kennengelernt, einem Verein, der damals in der Oberliga West spielte und mit Jupp Derwall, dem späteren Bundestrainer, einen prominenten Stürmer-Star hatte. Die Vorliebe für die Farben schwarz-gelb ist während des Studiums und der Pfarrerzeit erhalten geblieben (Göttingen 05, Borussia Dortmund). Nach der Übernahme einer Professur für Praktische Theologie in Göttingen Aufbau einer gruppenübergreifenden Theologenmannschaft, die bei Universitäts-Turnieren einigermaßen erfolgreich war.

ECKHARD LANGNER, geb. 1959, obwohl bis heute begeisterter Hockeyspieler bei Gold-Weiß-Wuppertal, auch Mittelstürmer des Fußballteams »Wuppertaler Pfarrer« (Vorbilder: Horst Hrubesch, Manfred Kaltz und ihr »Geheimnis der Bananenflanke«). Nach dem Theologiestudium in Bonn und Wuppertal Assistent für Systematische Theologie an der Kirchlichen Hochschule Wuppertal. Seit 1987 Pfarrer im Kirchenkreis Barmen.

CHRISTIAN MÖLLER, geb. 1940 in Görlitz; in der Berliner Schulzeit rechter Läufer in der Klassenmannschaft, die sich wegen Erfolglosigkeit auflöste; Studium der Theologie in Berlin, Zürich und Marburg, 1968 in Marburg promoviert mit dem Thema »Von der Predigt zum Text«; von 1968 bis 1972 Pfarrer in Wolfhagen bei Kassel. Von 1972 bis 1988 Professor für Praktische Theologie an der Kirchlichen Hochschule in Wuppertal. Seit 1988 an der Universität in Heidelberg. Treuer Anhänger von Borussia Mönchengladbach seit dem »Büchsenwurfspiel« gegen Inter Mailand 1966; gelegentlich Seitensprünge zum Wuppertaler SV u. a.

THOMAS SCHALLA, geb. 1963, Studium der Evangelischen Theologie in Heidelberg, Promotion im Fach Systematik. Studium der Fußballkunst beim SC Viktoria Braunschweig. Stationen der Karriere: Begonnen als halblinker Läufer (6), über den linken Abwehrspieler (2) hin zum linken Mittelfeld (6). Leider fußballerisch nicht bis über die Bezirksliga Braunschweig hinausgekommen. Beruflich jedoch derzeit als Pfarrvikar in Bruchsal tätig und Spieler in der Pfarrerauswahl der Badischen Landeskirche.

THOMAS SCHLEIFF, geb. 1950, 1963 in die Mittelstufenmannschaft der Meldorfer Gelehrtenschule berufen, nach hochverdienter 0:5-Niederlage gegen ein Kieler Gymnasium hinfort nicht mehr berücksichtigt. Studium in Kiel und Göttingen, Promotion zum Thema »Gottesbegriff und Säkularisierung« bei H. G. Geyer. Seit 1979 evangelischer Gemeindepastor in Heide/Holstein, regelmäßig nach dem Konfirmandenunterricht beim Konfirmandenfußball tätig, d. h.: im Mehrzweckgemeindesaal mit einem Flauschball Mann gegen Mann pro Spiel 2×1 Minute. Verheiratet, drei Kinder. Zwei Gedichtbände in »Transparent« bei Vandenhoeck & Ruprecht: Der Vogel mit dem Doktorhut; Verse über die Ferse.

HENNING SCHRÖER, geb. 1931 in Berlin. Durch den Krieg als Schüler nach Meldorf (Holstein) gelangt. An der dortigen Gelehrtenschule gab es damals – vgl. dagegen Thomas Schleiff, 15 Jahre später – noch keine Fußball-, sondern nur eine Handballmannschaft, die, nicht zuletzt durch seine Tore, recht erfolgreich war. Trotzdem auch an Fußball theoretisch und praktisch interessiert. Letztes Tor bei dem Fußballspiel der evangelischen gegen die katholischen Pfarrer in Heidelberg 1967. Seit 1971 Professor für Praktische Theologie an der Rheinischen Friedrich-Wilhelms-Universität Bonn mit großem Interesse der Zusammenhänge von Sport und Religion (Lob der »Torheit«).

Udo Sopp, geb. 1934 in Wuppertal, 1954 Abitur, Studium der Theologie in Mainz, Heidelberg, Ütrecht und Basel; Gemeindepfarrer in Rodalben und Kaiserslautern; Mitglied des Rundfunkrates des SWF (Fernsehausschuß), Vorsitzender des Arbeitskreises Kirche und Sport Rheinland-Pfalz, Öffentlichkeitsreferent und Medienbeauftragter der Evangelischen Kirche der Pfalz seit 1977. 1978 »Goldene Zeile« des Pfälzischen Journalistenverbandes; 1981–1985 Präsident des 1. FC Kaiserslautern; Veröffentlichung verschiedener Aufsätze zum Thema Literatur und Fußball.

Joachim Staedtke, geb. 1926 in Klein Midlum/Ostfriesland, promovierte über »Die Theologie des jungen Bullinger« 1958 (Zürich 1962), seit 1965 Professor für Reformierte Theologie an der Universität Erlangen, wo er viele Studierende nicht zuletzt durch seine humorvolle Vortragsweise gewann. Maßgeblich war er an der Leuenberger Konkordie von 1973 beteiligt. Nach langer, schwerer Krankheit ist Staedtke 1979 in Bad Mergentheim verstorben.

Jörg Stratmann wurde am 7. April 1954 in dem sauerländischen Letmathe geboren. Er kam früh mit dem Leistungssport in Berührung, denn der Vater zählte in den fünfziger Jahren zu den besten deutschen Fechtern. Das führte dazu, daß auch er sich dieser Disziplin intensiv widmete. Nach dem Abitur 1973 am Fichte-Gymnasium in Hagen zweijähriger Wehrdienst in der Sportfördergruppe Porz-Wahn. Anschließend in Bochum Lehramtsstudium in den Fächern Sport und Englisch für das Gymnasium, gleichzeitig Praktika in verschiedenen Zeitungsredaktionen des Ruhrgebiets. Er gab den Lehrerberuf und den Leistungssport nach zweitem Staatsexamen, fünf deutschen Meistertiteln und einem vierten Platz bei den Olympischen Spielen in Los Angeles 1984 auf, um Journalist zu werden. Nach einjährigem Volontariat Redakteur bei der Tageszeitung »Die Welt«. Interessierte sich dort neben dem Sport für Politik, weshalb er in den bewegten Herbsttagen 1989 als Reporter nach Berlin und in die ehemalige DDR entsandt wurde. Nahm wieder an Olympischen Spielen teil, diesmal als Reporter. Versuchte auch als Journalist, den Blickwinkel des Aktiven beizubehalten. Berichtet seit dem 1. Januar 1993 als Redakteur der »Frankfurter Allgemeinen Zeitung« aus Bonn über den Sport an Rhein und Ruhr. Verheiratet, zwei Söhne. Autor des Buches »Basketball – Streetball« (1993).

Hans-Georg Ulrichs, geb. 1966 in Ostfriesland, als Rechtsaußen und Mittelstürmer E-Jugendmeister, D-Jugend-Kreispokalsieger und C-Jugendbezirksmeister mit dem SV Concordia Ihrhove 1945 e. V. Nach dem Studium der evangelischen Theologie in Wuppertal, Tübingen, Aarhus/Dänemark und Heidelberg wissenschaftlicher Mitarbeiter im Fach neuere Kirchengeschichte. 1995/96 Vikariat in Karlsruhe und seitdem im Fußball-Team der badischen Pfarrer. Momentan Pfarrmann, wissenschaftlicher Mitarbeiter, Lehrbeauftragter und theologischer Gelegenheitsarbeiter.

Reinhard Umbach, Ende der 70er Jahre fanden sich an der Theologischen Fakultät der Universität Göttingen, angetrieben durch die politischen Wirren jener Jahre, vier Herren zu einer Kabarettgruppe zusammen, die unter dem weithin leuchtenden Namen DIE SPÖTTINGER vornehmlich in Göttingen, aber auch auf mehreren Kirchentagen und zu anderen auswärtigen Angelegenheiten auftrat und rund ein Jahrzehnt zusammenhielt. Michael B. Berger aus Cuxhaven, Hans-Martin Gutmann aus der Nähe Goslars, Jörg Schmidt aus Oberhausen und Reinhard Umbach aus einem kleinen Dorf in der Nähe Kassels eroberten die Herzen ihrer Anhänger zweifellos im Sturm, wenngleich sich nur Jörg Schmidt (als regelmäßiger Zuschauer bei den Spielen von Göttingen 05) und Reinhard Umbach als langjähriges Mitglied von Hessen Kassel (silberne Ehrennadel!) diese ihre Wirkung auf das Publikum fußballerisch erklären konnten. Später verschlug es J. Schmidt nach Braunschweig und zur Reformierten Kirchenzeitung nach Wuppertal, H. M. Gutmann auf eine Professur nach Paderborn und M. B. Berger zur Hannoverschen Allgemeinen Zeitung nach Hannover – nur Reinhard Umbach hält unbeirrt in Göttingen den Kasten rein und arbeitet als Dialektfigur beim Hessischen Rundfunk in Kassel (Hessen-Henner). In der Zwischenzeit entstanden ungezählte Texte, der sportlichste von allen erscheint in diesem Buche erstmals gedruckt.

Kirche ist vielseitig – cineastische und humoristische Aspekte

Martin Ammon /
Eckart Gottwald (Hg.)

Kino und Kirche im Dialog

1996. 209 Seiten mit 7 Abbildungen, kart. ISBN 3-525-60392-4

Einen vielseitigen Einblick in die spannungsvolle Begegnung der Evangelischen Kirche mit der Film- und Kinokultur seit 1945 gewährt dieser Band. Theologen, Pädagogen, Filmwissenschaftler, Filmkritiker und Publizisten reflektieren theologisch Fragen der Ästhetik, der Bildung und Unterhaltung im Blick auf den Film. Sie stellen Projekte zur Förderung qualifizierter Kinoprogramme, zur Verbreitung von Filmen aus der Dritten Welt und die evangelische Filmpublizistik mit ihren Konzepten dar.

„… ein informativer und anregender Überblick …
Die einzelnen Beiträge …
dokumentieren die Vielfalt evangelischer Filmarbeit."
Communicatio Socialis

Thomas Schleiff

Verse über die Ferse…

Heitere christliche Körperkunde.
Mit 12 Illustrationen von Gretje Witt. Transparent, Band 37.
1996. 125 Seiten, kart.
ISBN 3-525-01815-0

Die Verse „erinnern im Stil an Eugen Roth. Sie sind hintersinnig und in vielen Situationen hilfreich und – einfach lustig."
Büchertisch-Info

Thomas Schleiff

Der Vogel mit dem Doktorhut

Vergnügt-besinnliche Tiergedichte.
Mit 15 Illustrationen von Gretje Witt. Transparent, Band 18.
2. Auflage 1996. 121 Seiten, kart.
ISBN 3-525-01806-1

V&R
Vandenhoeck
&Ruprecht